作者简介

张佰明 毕业于北京师范大学艺术与传媒学院,文学博士,北京师范大学文化创新与传播研究院副教授。曾任中央电视台总编室研究处、规划处课题主编、编辑,CTR外聘研究员,《现代广告》杂志社《互动网络营销专刊》执行主编,搜狐网市场部策略顾问。受聘为中国人民大学舆论研究所品牌形象实验室研究员、《现代广告》杂志社策略顾问及特约编辑。在《国际新闻界》《新闻大学》《现代传播》等新闻传播学核心期刊上发表论文几十篇,在《现代广告》及其学刊上发表各类稿件70余篇。出版专著《数字品牌营销传播》(独著)、《微博:一种新传播形态的考察》(合著),主持并参与多项国家及省部级课题。

本书为2012年度教育部人文社会科学研究青年基金项目"媒介融合趋势下的数字品牌建设"成果（项目编号：12YJC860053）

张佰明◎著

数字品牌逆袭

人民日报学术文库

人民日报
出版社

图书在版编目（CIP）数据

数字品牌逆袭／张佰明著．—北京：人民日报出版社，2017.7
ISBN 978－7－5115－4831－3

Ⅰ.①数… Ⅱ.①张… Ⅲ.①网络营销—品牌营销 Ⅳ.①F713.365.2

中国版本图书馆 CIP 数据核字（2017）第 173608 号

书　　名：数字品牌逆袭
著　　者：张佰明

出 版 人：董　伟
责任编辑：梁雪云
封面设计：中联学林

出版发行　**人民日报**出版社

社　　址：北京金台西路 2 号
邮政编码：100733
发行热线：（010）65369527　65369846　65369509　65369510
邮购热线：（010）65369530　65363527
编辑热线：（010）65369526
网　　址：www.peopledailypress.com
经　　销：新华书店
印　　刷：三河市华东印刷有限公司

开　　本：710mm×1000mm　1/16
字　　数：200 千字
印　　张：12
印　　次：2017 年 7 月第 1 版　　2017 年 7 月第 1 次印刷

书　　号：ISBN 978－7－5115－4831－3
定　　价：68.00 元

序　言

喻国明[①]

　　互联网如同新时代的"操作系统"正在全方位地重构社会生活，由此带来的社会重组与赋权、传播领域种种"新常态"，给所有的传播机构和传播行为带来了一系列新的机遇和挑战。特别是，当数字媒介终端、智能化可穿戴设备已广泛渗透进用户的日常生活，一个以技术逻辑驱动的新时代日渐清晰地呈现在我们面前。旧秩序和旧规则逐渐土崩瓦解，但对新秩序和新规则的界定，由于每个人所处点位的不同，所做出的判断千差万别，有的过于宏观，有的又过于微观，让人莫衷一是。能否找到透视未来发展方向的通约的客体，通过这一客体展现新时代的变革方向，而这一客体又有足够的张力以体现普适性，这是一项颇具挑战性的工作。在我看来，"品牌"似乎就是这样的客体，在今天这个以"消费"

[①]　喻国明：教育部长江学者特聘教授、北京师范大学新闻传播学院执行院长、中国人民大学新闻与社会发展研究中心主任。

为特征的时代，似乎一切都是消费品，从各种物质产品到精神产品，再到今天以吸引注意力实现流量变现的各色"网红"，若想被反复消费而又与他者有所区别，都需要强化其品牌标识，凸显其品牌价值，用心经营品牌，不断积累品牌资本，否则就会被遗忘，被抛弃。在数字技术正以摧枯拉朽般的速度改造旧世界的今天，已使用半个多世纪的"品牌"这个字眼不足以概括未来的发展方向，于是便有了更具时代性的词汇——"数字品牌"，这可能会成为带我们打开新世界的一把钥匙。

最初接触"数字品牌"还要从十年前我指导的博士学位论文《论数字品牌的营销传播策略》说起，该论文作者张佰明将当时还只有一点苗头的新品牌形态就以"数字品牌"来命名，该论文的论题聚焦于品牌如何基于数字技术实现更为有效的营销传播。论文不但对"数字品牌"概念第一次做出清晰界定，而且提出了"节点传播""界面传播"等新鲜概念，这些观点和概念都让人耳目一新。尽管有些观点尚有可商榷之处，但作为一个研究者敢于打破成规、突破窠臼、大胆立论的学术勇气确实值得肯定。在博士毕业后从事教职的近十年间，佰明依然能沿着博士论文设定的方向持续探索，不断发表这方面的学术论文，并在繁忙的工作之余尝试对"数字品牌"进行体系化研究，这就是摆在读者面前的《数字品牌逆袭》。看到书稿的第一反应，就是感叹作者认准方向持之以恒进行研究的学术定力。直到今天，"数字品牌"这个概念无论是在学界还是业界都没有引起足够的重视，但作者却能在十年前确定研究范畴后一直围绕这一现象在广度和深度上进行拓展和开掘，紧紧扣住时代脉搏把握数字时代的品牌发展趋势，这一"咬定青山不放松"的治学精神在当下浮躁的学术环境下实属难能可贵。

在社会科学领域，好的学术研究没有绝对的标准，但源于现实又能有效指导现实的研究应该是一个基本的标准。作者对"数字品牌"的研究不止于对纷繁复杂现象的理论演绎，而是紧紧扣住数字技术发展的脉搏，为品牌的数字化生存提供可资参照的现实发展路径，这就是作者从第二章开始以标签化的形式提炼出的标题，如"格式塔"品牌、嵌入式连接、轻资产运作、节点化营销、流动性体验、智能化生态……作者对数字品牌不同层面内容的概括直击事物的本质，显示出敏锐的洞察力和出色的概括力。书中选择了大量有代表性的案例阐明观点，相信对于那些从事品牌管理的从业者来说一定会有启发意义。

诚如上文所言，未来的一切都将以品牌化生存为基本形态，无论是机构、企业还是个人，若想在处处充满竞争的环境里获得更大的生存空间，必须熟悉全新的品牌经营规则。而数字技术提供的便利条件，为品牌利用新规则脱颖而出创造了更为有利的条件，尤其是那些在旧世界里没有拿到头等舱船票的品牌。这是一个数字技术平权、赋权的时代，是"适者生存"而不是"大者生存""壮者生存"的时代。从这个意义上说，本书阐述的观点具有普遍适用性，适合那些希望在新时代里大展宏图的读者阅读，尤其是那些嗅到新时代的气息并敢于大胆逆袭的品牌经营者。

概言之，互联网是一种重新聚合社会资源、市场资源的结构型力量，确切地说是一次全行业的颠覆式革命。在它的作用之下，整个传媒业态、整个社会传播的基本面貌，都呈现出一种与传统社会完全不同的面目。今天的传播已经不是传统的传播，而是一种全新意义上的关系传播。基于关系法则的全方位传播体系构建，是互联网发展"下半场"迈出通达用户的第一步，而有了这第一步，我们就有可能在未来构建创新的服务体系和盈利模式时拥有更多的可能性——我们在这个过程中丢掉的是枷锁，迎来的将是大有可为的全新世界。

写于京师大厦

2017 年 7 月 11 日

目　录
CONTENTS

开篇故事

夏日一个周末的清晨。

优美的音乐响起，浑厚的男中音伴着音乐朗诵起苏轼的《水调歌头·中秋》："明月几时有，把酒问青天……"。戴佳图（Digital）睁开眼睛，看到万拓牌音响显示屏上的两行字"中秋快乐""good morning"，他记起这是昨晚他给音响设定的程序。他觉得情绪不高，就冲着音响说了句"我想听演唱版"，音响里传出甜美的女声："这里有陈弘礼版、杨钰莹版、龚琳娜版，您想听谁的?"他问："能提供蔡琴版的吗?"女声回答："蔡琴没有演唱过这首歌曲，我为您提供合成版的可以吗?"戴佳图想了想，说"可以"，一首由机器模仿蔡琴柔美嗓音演唱的《明月几时有》飘了出来。一曲听罢，戴佳图坐了起来，问了句"今天是什么天气?"音响里报出今天的气温情况和穿衣指数，建议他穿一件薄毛衣。

戴佳图走进浴室，摸摸已经放好热水的浴缸，温度刚刚好。他脱去衣服泡了进去，打开手机里的 APP"泛逻辑"，收听在朋友圈里广受欢迎的财经主持人对昨天发生的几个新闻事件的点评。他点开APP里的"朋友圈"功能按钮，发了两句话"对当事人的态度过于苛刻。对股票走势的分析还不错"，立刻引来其他朋友的回应。他又点开了"荐书"按钮，选择了主持人刚刚提到的一本书，用在线支付工具"易支付"完成购买，系统立刻提醒在"泛逻辑"这个朋友圈里有28个好友已经购买了这本书，并提供了来自"浮云笔记"推送的几个好友共享的读书笔记。戴佳图收藏了其中的两篇并做了标签，正准备退出，发现自己前天共享的读书笔记出现了两个红色光标，点开浏览后很高兴，因为这两个群友对他读书笔记所做的评点深感认同。他回复"感谢"后，将两个群友拉进"密友圈"，以后有关时事的评论观点可以跟他们进行更多交流。他点开"系统通知"红色圆点，收到了这样的通知：

尊敬的用户您好！关于您提出的要在"浮云笔记"中增加视频播放功能的要求，我们已经为您实现。根据您使用浮云笔记收藏社交媒体的信息内容，我们已经为您推荐了相关视频，请您从中选择。已有多个用户提出类似的要求，未来我们将在新版本里正式添加这一功能，感谢您的反馈。有任何要求提交给我们，我们都会第一时间帮您解决，满足您的个性化需求。谢谢。

戴佳图退出"泛逻辑"后打开浮云笔记，果然发现功能区里新增了"视频"功能，推荐的视频绝大多数都是自己喜欢的内容，系统提供的视频浏览器很符合自己的要求。他把这一功能截图后发送到微信朋友圈，很快有好友点赞并要效仿。

快到中午了，戴佳图想起自己一周没有用过"焙客部落"品牌烤箱了。他打开APP"吃货烤圈"，查找"烘焙类"食谱，发现一周内上传了十几个烘焙甜点的新食谱，还有几十幅上传的实物图片，有食谱发明人自己上传的，也有其他吃货上传的，旁边有数目不等的点赞图标，当然还有一些吐槽。戴佳图浏览了几份食谱，但有两个细节他拿不准，见好友的图标是绿色的，于是点击对方的图标后跟"小焙客"讨教如何做出图片上那种看起来很诱人的烘焙蛋糕。在好友用户的指导下，不一会儿蛋糕新鲜出炉，戴佳图拍照后在"吃货烤圈"和微信里都上传了图片后，开始慢慢品尝美味的蛋糕。

他顺手从海格牌冰箱里取出一瓶红茶饮料，刚关上冰箱门，面板上的液晶屏提示红茶只剩最后一瓶，并列出了其他用品的剩余量。面板上随后显示附近几家超市红茶的价格，推荐正在搞促销的一家超市。戴佳图按了一下链接按钮，该超市的电商网站根据冰箱地址立刻识别了送货地址，承诺货到付款的一箱红茶将在2小时内送到家里。

吃过午饭后，戴佳图穿好运动服打算到健身房健身，出门前在手机上打开了一款名为Good Feel的运动APP，发现经常一起运动的嘉明已经在健身房跑了半个小时。他想减去

3

腹部的赘肉，但一直不得要领。上了宝驹牌智能汽车后，他打开驾驶座旁边的液晶屏做了联网设置，并启动了"与手机同步"的功能，所有的手机操作流程都可以在液晶屏上完成。他启动自动驾驶功能，然后打开了 Good Feel 软件以便更好地浏览教程，到目的地后他已经对运动要领了然于胸。进入健身馆，教练将传感器绑在他的腰间，在做了简单的示范动作后，让戴佳图开始进行规定流程的训练，并不时根据 Good Feel 显示仪上的数据指导他改进动作，而所有的数据戴佳图也能同步看到。训练结束后，戴佳图到休息室休息，他打开"训练视频"菜单，回看刚才的训练过程和按时间线呈现的热量消耗值，对更好地掌握训练要领有了更深的体会。他随机选择了两个跟他有同样健身目标的会员共享的视频，并与他们建立会话群，互相交流训练体会。三个人相约下次一起训练，共同进步。

回来的路上，戴佳图浏览了一个叫"跑跑唐"的新晋网红的最新脱口秀节目。这是一个三十出头的唐姓男子，戴佳图在大学时就认识，算是同一专业的师兄，对养狗特别在行，每天会换不同的狗头饰，带不同类型的狗进演播间谈各种与养狗相关的话题，诙谐幽默中尽显对狗狗们的喜爱和养狗知识的专业，谈话氛围轻松而又愉快。戴佳图关注他有两年了，论资质并不算特别突出，但一直很努力，并且很善于利用社交媒体，跟粉丝交流也很真诚，让人感觉他对狗的感情比对人还好，因此赢得了爱狗人士的喜欢。在他每天讲狗故事的演播间里，已经有狗粮赞助商的 Logo 出现。戴佳图浏览过"跑跑唐"的微信公众号，其互动功能设计得很到位，有关养狗的各种问题都可以得到回答，数以万计的粉丝已经建立起名为"狗头帮"的社群，好多问题已经不需要"跑跑唐"自己回答了，社群里有各种拥有专业知识的人互相帮助，无论什么时候进去都是一番热闹非凡的景象。戴佳图很是感慨："跑跑唐"居然成了有一定号召力的网红品牌，他对某款狗粮推荐的一句话，在爱狗人士中的影响力要比整天在媒体上做广告的狗粮公司大得多！

快到家了，戴佳图在手机上点开"海格智慧家居"程序，在界面选择"运动后模式"。到了家门口时，他发现早上购买的红茶饮料已经放在快递专柜里了，他输入密码顺手将饮料拿回家。打开客厅的房门，空调送出的舒适的空气包裹着他，一杯从冰箱常温层推出的运动碳酸饮料等待着他，音响中播放着轻柔的乐曲，浴缸里刚好蓄满他喜欢的温度的水，一切都那样有条不紊。戴佳图放松地躺在浴缸里，闭上眼睛享受惬意的周末时光。

上面虚拟的场景撷取的只是生活的某个片段，对于一些人来说有些陌生，而对于另外一些追赶潮流的人来说，已经用这种模式开启了新型人生。上述情形的主角，正是那些已渗透进日常生活且带来各种便利的各类品牌。这些品牌除了名称是假定的外，其他的全部是真实的，它们已经走进了我们工作、娱乐和生活的各个角落。上述场景中的办公软件品牌"浮云笔记"、媒体服务品牌"泛逻辑"、家电品牌"海格"、交通工具品牌"宝驹"、健康服务品牌"Good Feel"以及具有鲜明个人烙印的品牌"跑跑唐",在现实生活中正越来越多地出现在我们身边。在不久的将来,这些拥有全新特质的品牌将全面替代我们熟悉已久的传统知名品牌,用"数字芯"感知用户的需求并不断完善产品或服务的各项功能。正像上面描述的"跑跑唐"这类网络红人那样,基于各种"数字芯"的产品或服务大大释放了个人的潜能,激发了个人的创造力,让每一个独特的个体都能在这个时代展示自己最为独特的一面,让每个人都能与其他人形成区隔,从而拥有殊为可贵的个人品牌。

原子(Atom)状态的传统品牌和比特(Bit)形态的数字品牌,是两种基于完全不同逻辑构建的品牌形态,也是区分两个不同时代的显著标志。这本书展开的就是这样一幅徐徐拉开大幕的品牌转换场景:传统品牌必然注入比特的能量以追赶高速前进的时代,不断增大"数字芯"的比重;新兴品牌以"数字芯"为核心动力,广泛连接有效资源,快速响应用户需求,在不断回应用户更高需求中持续更新换代。而今天数字技术对个体激活的结果,是出现了一个个有意愿获得更大认可度并有持续消费价值的个性化品牌。

在新与旧、传统与现代、大众化与个性化激烈碰撞的时代大潮下,唯有把握数字时代脉搏的品牌,才有可能因时而动，在用户、消费者成为主导力量的市场环境下赢得自己的竞争优势。身居其中的每个人、每个企业，唯有洞悉数字技术主导的时代变革趋势并顺势而为，因时而变，才是最为明智的选择，才能打造更具竞争力的品牌。

第一章

数字品牌强势来袭

一、品牌创新潜流涌动

历经三十余年改革大潮的洗礼，张瑞敏统率下的海尔主动拥抱互联网，开始了新时代的新征程。这个充满传奇色彩的企业家在阅尽市场的风云变幻后，由衷地道出了企业经营的真谛："没有成功的企业，只有时代的企业。"一个企业只有适应了时代的浪潮，把握住时代发展的脉搏，才有可能生产出消费者需要的产品，立于不败之地。这一道理适合于企业，也同样适合于品牌。无数曾经叱咤一时的品牌逐渐淡出视线并消失得无影无踪，被时代所淘汰；同样有众多新品牌抓住时代机遇脱颖而出，创造了消费者的需求并成为行业和品类的引领者。

海尔作为"跨时代"的品牌，凭着敏锐的嗅觉一次又一次地成功转型。面对新时代的挑战，海尔又开始了互联网转型的新征途。在这条信息技术主导的变革进程中，谁都不知道未来的胜算到底有多少。但我们通过海尔近年来推出的新产品，却能够粗略把握品牌变革的脉动。

无论是引进风洞设计的海尔天樽空调、治愈游戏玩家多个痛点的雷神游戏本电脑，还是用智能终端控制温度并通过社群模式提高用户黏性的焙多芬烤箱，都在不同程度上加入了数字技术的要素，而使传统品牌旗下的子品牌焕发光彩。

同样在家电领域，美的与小米科技合作开发的"i青春"空调，从产品功能开发、升级到产品的营销、销售，无一不是建立在数字技术提供支持的基础上。而这些超越常规的经营方式，与合作方小米科技公司深谙互联网时代的品牌经营规则密切相关。

小米手机在智能手机登场的绝佳时刻找到了"风口"，只用了不到四年的时间就收获了市场占有率的优势地位和良好口碑，其快速成长的关键在于完全打破传统手机厂商的经营模式，有关商业运营的全部环节都注入了数字技术的基因。

在快餐领域，我们看到了星巴克快速响应消费者需求对餐饮流程的数字化改造，看到了达美乐为消费者提供个性化定制而实施的全新规则。

在媒体行业，著名财经作家吴晓波一改延续几十年的专栏作家供稿模式，通过"吴晓波频道"重新发现了意见领袖的价值空间，以共同的价值观重塑作家与粉丝读者的关系，开发出新的盈利模式和品牌运作规则。

同为媒体人的罗振宇，凭借《罗辑思维》这档形式简单的脱口秀节目，将"爱智求真"的读书人聚合在一起，以"书"为核心将知识社群牢牢绑定在品牌周围，不断探索出新的品牌与用户共生共赢模式。

上述这些借助数字技术和数字终端将利益相关方紧密连接在

一起并逐渐探索出可持续发展模式的品牌，既有从零起步、另起炉灶的"小鲜肉"，又有依傍传统优势另辟蹊径的"新枝条"。当它们顺着各自的发展逻辑一点点成长起来并逐渐赢得广泛关注时，人们逐渐意识到：这些在昨天还只是传说中的新鲜事物，今天已然开始侵占传统品牌的领地，并开始按照新的规则在新时代里分得一杯羹。事实上，这些依然被好多人视为"异类"的新品牌，在胎毛渐次褪尽后，开始以旧秩序颠覆者的形象登上历史舞台。它们不是既有品牌的延伸，而是在洞悉消费者潜在需求后强势启动、全新布局的新品类。

面对数字技术驱动下逐渐确立起来的新规则，除非甘愿做一只将头埋在沙土中的鸵鸟，否则都必须考虑如何改变现在的处境及早采取应对之策。在这个以各种数字芯片作为连接元的互联网络世界里，企业必须认真审视原有品牌的短板，想清楚是自己将短板做长还是找到别人手里可资利用的长板。不主动求变或求变的速度不够快，必将难逃被淘汰的命运。

每个品牌都有独特的应对策略，但前提是要有足以应对这一变局的心态，而后才能建立起有足够竞争力的生态。没有一个样板是普遍适用的，但如何顺势而变却是当下所有品牌都要认真考虑的。七匹狼品牌的应变思路颇具有代表性。这家服装领域的一线品牌在感受到经营环境的恶化后，开始用全新的方式开发新品牌——狼图腾，逐渐看到了这个建立在数字媒介基础上进行运营的新品牌的曙光。经历过七匹狼在传统时代的辉煌并亲身感受到新品牌突出重围的艰辛后，七匹狼极致单品事业部总经理赵乃超说过的这段话耐人寻味：我们在重的应用里边挑轻的，衬衫有长袖短袖、针织梭织，有时尚休闲商务，我们只做最好的几款，西装也是一样。而且供应链缩短，做得很小很轻，这个时候我就可以倾听了。后边轻了以后，前边才能有各种玩法。大家都在讲传统企业船要沉了船要沉了，怎么办？跟着它一起沉下去吗？放下舢板我们可能走得更快一些。①

这个亲身经历传统品牌到新品牌转换过程的资深从业人员，道出了新时代下新品牌的真谛：放弃传统品牌中不适合的内容，让资产变轻，缩短连接链条，找到合适的渠道倾听消费者的真实需求。更重要的是，不能迷恋传统品牌虚幻的名声，要另辟蹊径，用小而美的身姿开创一片新天地。

二、开创小而美的品牌新天地

直到今天，统治商业世界的依然是体量庞大的品牌巨头，它们制定竞争法则，决定品牌世界的秩序。看看世界 500 强品牌榜单，话语权掌握在谁手里一目了然。

当我们用传统观点来看待这个榜单定义下的消费世界，会毫不犹豫地做出"强者愈强，弱者愈弱"的判断，因为这一通俗表述对应的专业术语"马太效应"已经发挥效力几千年，屡试不爽。确实，在互联网来临之前的工业社会里，优势资源无一例外地向大企业、大品牌倾斜，因为这些在过去获得成功的企业和品牌代表了能力和声誉。正是基于这样的判断，可口可乐的总裁才会如此自信：假如一场大火将可口可乐烧光，第二天银行家们会

---

① 熊帅：《七匹狼的另一面》，《现代广告》2015 年第 14 期

排队提供贷款重建厂房，可口可乐很快会重现昔日辉煌。"物竞天择，适者生存"，按照达尔文的进化论，物种的进化是自然选择的结果。如果支撑这个商业世界运转的基本规则没有改变，如果这些大品牌不主动退出历史舞台并能满足消费者的各种需求，就会变得越来越大，小品牌永远不会有出头的机会。

好在进化并非解释这一以"竞争"为主流的世界的唯一法则，在进化论的大潮之下，另有一缕"分化"的曙光洒向新物种。达尔文在《物种起源》里很好地解释了分化，他在书中把地球上存在的数以亿计的物种归功于分化的作用，他用"生命的大树"的比喻来描述物种起源："同一纲内生物间的亲缘关系，可以用一株大树来表示……绿色生芽的树枝，代表现存的物种；过去年代所生的枝条，代表那些长期的、先后继承的绝灭物种。在每一个生产期内，发育的枝条竭力向各个方向延伸，去遮盖周围的枝条并使它们枯萎，这将像任何时期的生存斗争中，一些物种和物种群征服其他物种的情况一样。"从这里我们可以看见两条清晰的进化路径：新枝条由老枝条分支出来，新物种由原物种分化而来。学者陈国权以此作为论据，证明传媒发展和媒介产品的进化就是从一个主干不断分化后才出现了今天用户有无限多样化选择的局面，这种分化的逻辑很简单，就是为了满足用户在某方面的专业化需求。①

"定位"理论提出者艾·里斯在一篇名为《忘掉进化吧，分化带领品牌走向成功》的文章里，阐明了达尔文"自然界偏爱极

---

① 陈国权：《分化是传媒发展的趋势——"融合论"质疑》，《新闻记者》2010年第3期

端"的观点，因为达尔文以人类为例，叙述了自然界强加在种族上的分化力量。文中列举了在市场中没有把握好消费者在高端或低端上的需求，而是选择了折中定位，在分化上做得不成功的例子，比如在碳酸饮料领域，两个新品牌可口可乐 C2 和百事 Edge 折戟沉沙，就是典型的分化不到位的败笔。在另一篇文章《为何成功的新品牌很少出自大公司》中，艾·里斯列举了大量得到市场认可的新品牌，它们的成功源于敏锐的市场洞察力以及找到了大品牌的弱点，如市场反应迟钝、决策流程繁杂等。说到底，"大公司通常背负了一个个具有知名度的老品牌的包袱，已有品牌的知名度越高、分量越重，要放下这些品牌需要越大的勇气。创业型的公司则没有这个包袱，在选择品牌名上，创业型的公司很容易推出一个新品牌。"

这些新品牌一定会找到大品牌忽略的或无暇顾及的领域，集中力量做出规模和特色，从而获得市场空间。它们要了解消费者的潜在需求，并尽快将满足需求的产品开发出来。在强敌环伺的市场环境下，这样的机会并不多。

但是，当技术手段能够为企业提供更多辅助决策的信息并提供与消费者沟通的便捷渠道，甚至将消费者有效纳入产品价值链条，同时有效汇聚利益相关方共同解决经营难题，事情就变得大不相同了。尤为重要的是，所有这些环节都在连接技术的支持下大幅提速，新品牌对传统品牌的逆袭就有可能在一夜之间发生。

这一切在通信产品领域的小米手机品牌身上就这样发生了，不到四年时间内，小米手机迅速占据智能手机市场份额首位，撒手锏就是把握住了移动互联时代智能手机发展的良机，也就是那个变幻不定却实际存在的"风口"。

类似的现象在媒体领域同样不乏其例。"罗辑思维"是电视媒体人罗振宇 2012 年创办的自媒体品牌，它以"读书求知"作为核心环节，通过微信语音、视频、线下读书会、公众演讲等互动形式，主要面向 80、90 后群体打造互联网知识型社群。就是这样一个以主持人"魅力人格体"为号召的品牌，已经聚集了超过 300 万的粉丝，拥有了 6 万个付费会员，通过众筹的方式尝试各种互惠互利的共赢模式，成为数字领域知名度很高的新品牌。其在网络世界的影响力甚至比传统媒体更大，用户的忠诚度也更高。

消费者通过便捷的数字设备，可以方便地找到各种品牌，这无疑将加剧品牌之间的竞争。以往试图垄断或主导某一品类的企图，在日益开放、透明的商业环境下越来越成为一种奢望。而数字媒介对于消费者的好处，就是缩短了与自己匹配的品牌之间的连接通道，甚至小众化的品牌都能找到自己的生存空间。因此，未来品牌的进化方向将是逐渐分化出更多的小而美的新品牌，它们凭借的是敏锐的嗅觉和个性化的服务迅速满足消费者的需求，持续获得消费者的青睐，更加广阔的新天地必然属于这些小而美的品牌。

问题是：新天地在哪里？

答案是：数字品牌。

三、聚焦数字品牌

狭义的数字品牌是指以数字媒介作为企业经营的中枢环节和

传播的核心渠道并围绕数字媒介实施营销传播策略的品牌，那些互联网企业和以互联网作为核心要素建立的品牌均属此列，可以简单理解为建立在鼠标（或触屏）技术之上的品牌，比特化是这类品牌的基因。众多为用户提供基于数字信息服务的网站，如Yahoo、Google、Amazon、新浪、百度、阿里巴巴、优酷等，它们不仅自身就是脱胎于数字技术的品牌，而且凭借强大的技术能力和数量庞大的用户基础，而成为服务于数字品牌构建的支撑性平台。

广义的数字品牌是指在新媒介环境下借助数字媒介与消费者沟通的企业，通过数字媒介传播的所有区别于其他企业的信息和体验的综合并为消费者所感知的内容。这些内容是以数字化形式呈现的，可以在消费者需要的时候与其互动，通过与消费者建立关联来巩固关系。简而言之，数字品牌是以互动求认知、以关联促关系、以沟通达成品牌价值、以体验实现品牌增值的形象塑造过程及为消费者或潜在消费者所感知的综合性的内容。① 在这个意义上说，那些具有线下实体形式同时通过数字媒介塑造、传播形象的品牌也属于数字品牌范畴。当品牌借助相关渠道在数字媒介上呈现，消费者就有机会更为深入地接触品牌并进行互动，以不同方式参与品牌传播甚至建设过程中。在这一意义上，数字品牌是消费者与品牌方联合塑造的品牌形态，这与传统媒介环境下完全由品牌方主导而塑造的品牌形成鲜明对比。这种以数字化为基本存在形态的品牌，与以往的品牌塑造方式形成较大反差，它

---

① 张佰明：《数字品牌营销传播》，经济日报出版社 2010 年版，第 9 页

们以互动实现品牌认知，以个性优化品牌沟通，以关联促进品牌关系，以体验提升品牌价值，以整合深化品牌影响，以嵌入构建品牌生态。简而言之，数字品牌的特点可以概括为：连通性、嵌入性、社群化、互动性、个性化、关联性、体验性、整合性。

1. 连通性

任何时代品牌存在的意义都在于能为消费者提供满足某方面需要的价值，这是品牌生存和发展的基础，品牌价值成为品牌运作的核心和枢纽。正如美国学者唐·舒尔茨所说，"品牌的价值来自它的与众不同之处，来自品牌让其产生的信任感、品牌蕴藏的内涵、品牌在消费者心目中创造的联想，以及品牌如何满足消费者各种复杂的需求和意愿。如果得不到消费者的重视，品牌对企业几乎没有任何价值。"[①] 这些满足消费者不同需求的要素，能在消费者需要的时候主动与品牌产生关联，建立与品牌之间的连接关系，它们是品牌与消费者连接的内核，决定了消费者与品牌产生连接意愿的强度和频度。一旦消费者有搜索、查找与品牌相关信息的需求，品牌就应该每时每刻地进入消费者的视野。数字媒介为消费者提供了便捷查找与沟通的渠道，品牌不但要有连接的通道，而且要确保连接的通畅，在品牌与消费者之间不应该有任何障碍存在。这就是好的数字品牌的连通性：便捷的接口和贯通的渠道。

当品牌方在这些方面都有良好的表现时，无论是品牌的功能价值，还是情感价值、自我表达价值，都能为消费者所了解和认

---

① ［美］唐·舒尔茨：《SIVA 范式：搜索引擎触发的营销革命》，中信出版社
2014 年版，第 95 页

知，从而提高品牌的选择概率。从消费者的角度说，拥有丰富选择的消费者再不满足于作为价值链条终端的被动角色，他们会对感兴趣的品牌提出自己的需求，对产品的改进和功能的完善表达自己的意愿，参与品牌传播过程和品牌营销进程。广为业界称道的小米品牌，就是从产品研发、功能完善、营销策划、品牌传播等各个环节全面吸纳消费者的反馈意见，从而赢得了后者的好感和持续关注，在很短的时间内实现品牌的跨越式发展。数字媒介带来的是价值连接方式的改变，品牌主动适应这种改变，通过各种数字终端满足消费者随时、随地与品牌建立连接关系的需求，才能充分体现数字品牌的价值，获得消费者的认可。

2. 嵌入性

"嵌入"在词典中的解释是：牢固地或深深地固定或树立；紧紧地埋入；镶入。不管是哪一种解释，如果说某物嵌入另一物或系统之中，意味着二者是一种无法割舍的关系，将其分割意味着是对关系的强制破坏或解除。数字品牌是一种嵌入性的存在，这意味着品牌将成为消费者数字空间中的有机组成部分，便于消费者随时接触和了解。这很大程度上得益于那些个性化的、可传播的独立软件组件，这些被称为 Widget 的软件（或程序）是以可移植网络为依托，能够承载动态内容，能简易地复制、粘贴或安装在网页、微博、微信、社交网站或数字终端上，借此呈现实时更新的内容。品牌方出于推广品牌信息而专门开发的品牌 App，就是典型的 Widget 形式。品牌建立的微博和微信账号，无疑是一种更为常态化的品牌沟通方式。只要消费者安装了相关软件或程序并关注了品牌账号，这种传播品牌信息的组件就能即时且无缝嵌入到消费者数字空间，不但将信息干扰降到最低，而且能为消费者提供有价值的信息，将品牌沟通、营销渗透于无形。数字媒介越丰富，品牌嵌入消费者数字空间的程度越深，并因而让消费者产生依赖感。未来的品牌生态圈将以一个个消费者为核心，品牌必须想方设法进入消费者的消费圈层里才有可能拥有生存空间，这要求品牌方提高嵌入能力，熟悉品牌生态新规则。

3. 社群化

社群就是社区，强调的是个体活跃度和个人意愿与整体的协作，情感归宿和价值认同是聚合社区成员的黏合剂。按照北大教授胡泳的观点，社群是在一个知识型组织内，自行聚合的、以知识图谱和价值观为索引的虚拟组织。"知识"是社群的坐标系。人们按照组织设定的"标签"进行自动聚合，就像 Web 2.0 的网络社区一样。品牌社群（Brand Community）最早是由 Muniz 和 O'Guinn 在 2001 年提出的，他们将其定义为建立在使用某一品牌的消费者间的一整套社会关系基础上的一种专门化的、非地理意义上的社区。

基于数字媒介开发的各类具有社交属性的应用，如论坛、QQ群、微博、微信等，为有共同兴趣或爱好的用户提供了便捷的聚合器，并通过自组织的形式将有相同或相近价值观的群体有效聚集在一起，天然形成各种社群。各个社群都会有或隐或显的价值标签，表明社群成员的价值追求和消费品位。当品牌的价值观和社群的价值观相匹配，再加上社群意见领袖的适当引导或推荐，则很容易被社群所接受。说到底，任何品牌都隶属于某个群体，只不过在传统社会环境下很难有效辨识，数字社群为品牌找到对位的消费群体提供了有效的工具。以"罗辑思维"品牌为例，它以主持人为价值核心，通过一期期视频不断强化其"在知识中寻找见识"的价值观，"罗辑思维"会员本身就是一个有很高凝聚力的社群。该社群运营方尝试与多个品牌进行合作，由于这些以80、90后为主体的人群兴趣、爱好相近，产品也较为适合，很容易被用户接受。品牌所要做的，就是尽量降低身段，强化品牌个性，使品牌逐渐有明晰的性格和价值取向，融入社群之中，增强黏性，并最终嵌入社群，这是未来品牌数字化生存的基本策略。

4. 互动性

"双向""参与""控制"是定义"互动"概念的关键词。对于进入数字渠道的品牌而言，品牌信息的传播和接受是双向过程，需要消费者参与到品牌传播链条才能更好地发挥作用，且消费者在一定程度上控制品牌信息传播的进程。出现已有二十年之久的展示类广告，尽管至今依然是门户网站品牌传播的主导形态，但其有效性和认可度饱受质疑，就是因为这种单纯追求曝光量的品牌传播形式，依然无法摆脱传统媒体将消费者排除于品牌形象塑造进程之外的弊端。从信息接受角度看，如果一个品牌很难引起用户主动浏览、点击，在海量信息面前，即使被消费者看到也是浮光掠影，很难产生效果。在 Web2.0 的传播语境下，品牌如无法吸引用户参与传播，几乎可以肯定是失败的。"无互动不品牌"在数字空间里已成为基本规则。消费者可以不发起互动，但品牌应将互动作为品牌传播的基本策略，确保消费者参与品牌构建与传播进程的有效机制。

5. 个性化

数字媒介全方位介入消费者日常生活，消费者通过各种数字终端产生的数据，使得针对某个具体消费者行为和心理的深入挖掘、分析成为可能，以一个个消费者为细分市场的这种极致化的营销方式逐渐变成现实。数字空间里不存在千人一面的数字品牌，只有存在于消费者心目中的综合各类媒介有关品牌信息而重新构建的个性化品牌，品牌营销必须适应这一趋势。如果说以往的人群分类对于精准营销来说还显得有些粗犷的话，数字媒介则为此带来了福音。个体差异必然带来消费者需求上的千差万别，这让传统的营销方式归于失效。数字媒介为洞察消费者个性需求提供了有效工具，由此带来的根本性变化就是针对消费者独立个体而采取的个性化营销，即围绕某个潜在消费者提供的营销方案是独一无二并能适时调整的，这无疑会大大提高营销结果的有效性。

6. 关联性

品牌信息传播的路径要与消费者的信息浏览路径吻合，只有与消费需求吻合的信息才有可能得到关注和认可，才会避免不必要的营销成本浪费。以往品牌与消费者的关联通道是借助关键字匹配或基于媒介内容的内在接近性，这只能算是一种"准关联"的营销形式。更有效的方式是基于消费者数据洞察的投放，根据品牌期望触达的消费者类型到数据库里去寻找匹配的信息。因为数字媒体的可寻址特点，用户在媒体上的任何操作都能留下痕迹，将这些勾勒用户痕迹的各方面数据汇总起来，就会获得更准确的"消费者画像"。PC机、平板电脑、手机和数字电视机这几类重要的数字媒介终端基本涵盖了消费者的数字化生存通道，如能覆盖到它们所对应的数字网络以挖掘与消费者行为相关的数据，将会有效避免品牌信息对消费者的干扰，从而确保为消费者推送的信息更加精准，更符合消费者的需求。

7. 统合性

统合性即品牌给予消费者体验的一致性和连续性，这是比整合营销传播（IMC）更进一步的标准，因为后者本质上仍然是一种单向营销思维，是以品牌为主、以品牌的需求为出发点的思维。事实上，消费者并不关心品牌形象的整合，他们更在意自己的个人信息、喜好与需求是否被品牌所察觉，特别是那些忠实的消费者。数字媒介解决了品牌信息格式统一的问题，所有在这些媒介上传播的信息都以"比特"为基本单位，同样的信息在不同媒介上传播几乎不受介质形式的限制，同一则品牌信息可以顺畅地在不同媒介平台上传播，从而保证了消费者获得的信息内容的一致性。同时，数字信息在发布上可控性增强，什么时间、以何种方式、面向什么人群发布，在关联技术的帮助下能有效提高传播的准确性，从而确保消费者通过不同媒介得到的体验都是一致的。在体验经济的时代背景下，消费者对品牌的印象，除了来自企业提供的产品或服务外，还有通过多种渠道获得的各种体验，而这种体验很大程度上源于消费者与品牌的互动。数字媒介能为消费者提供更多与品牌方、产品及相关活动体验的机会，并能确保体验的连续性。而品牌方主动传播或借助品牌拥趸有意或无意传播的有关品牌的正向信息，尤其是借助社会化媒介对品牌相关信息的延伸传播，都会因双向沟通和交流让消费者了解更多品牌故事和品牌价值。无论是行为层面还是情感层面的体验，都有助于增加消费者对品牌的感知程度和范围，而每一次体验都会为品牌加分或减分，这对品牌管理提出更为严峻的挑战。

上述几项特点都是传统品牌所不具备的，它们共同印证着这样的事实：消费者在品牌关系中处于绝对核心地位，在消费者主权时代，一定要从消费者角度来定义和塑造品牌。要认识这样一种全新的品牌形态，必须转换视角才能把握品牌进化的方向，因为看世界的角度不同，会得到不同的结论。在构成世界的三大要素中，传统观点认为物质最重要，其次是能量、信息。但如果换个角度看世界，用于认知世界的信息才更重要。"黑洞"概念的命名者约翰·惠勒根据观察和研究，曾提出了骇人听闻的观点：万物源自比特。他认为信息是第一性的，物质是第二性的。在他看来，信息是量子化的，比特才是终极的不可分的基本粒子。①我们对所观察事物的判断，是根据我们获得的对该事物的信息做出的。在这一意义上说，消费者感知到的与品牌相关的内容远比品牌的自我定位更重要，品牌必须意识到这一点并尽快采取行动，才能在激烈的市场竞争中占据主动。在消费者对某一品牌的感受和认知上，数字媒介虽不是消费者获取相关信息的全部渠道，但一定是最主要的部分，传统渠道中与品牌相关的内容，都会程度不同地投射或折射到数字渠道中来。

四、数字品牌：以快制胜的颠覆角色

如果只从上述品牌的功能性价值做考察，把它们放在传统的

---

① ［美］詹姆斯·格雷特：《信息简史》，人民邮电出版社 2013 年版，第 7 页

品类中来看待，似乎并没有太多的新花样。事实上，它们真正的价值不在于对同类品牌的超越，而在于它们是新品类的开创者。这些新品类不只是在技术层面的简单迭代，而是从骨子里就带上了跟传统品类截然不同的基因——比特，并由此构建起DNA迥异于传统的新品牌形态。它们只属于这个全新的时代，由比特驱动并塑型，并因与消费者价值取向的天然契合而拥有更为强大的竞争力和无限的发展空间，这就是在各个领域逐渐崭露头角并开始侵入传统品牌领地的数字品牌。

这些主要由比特而不是原子构成的品牌，在传统品牌居于主导地位的当下并没有产生太大的影响，却让人感受到了其凌厉的攻势。Apple和Google两大基于数字基因强势崛起的品牌，在Interbrand排行榜上连续两年位居全球品牌排名的状元和榜眼的位置，将众多传统品牌远远甩在后面。与老牌品牌相比，它们无疑是年轻的品牌，到今天也只有二三十年的历史。2014年在中国智能手机市场份额位列第一的小米手机，只用了不到4年时间（2011年8月16日入市），就成为智能手机领域具有相当知名度和认可度的品牌。公司总裁雷军将小米品牌的高速发展总结为"专注、极致、口碑、快"七字箴言，实际上"快"才是这类品牌获得竞争优势的根本原因。

快速反应，快速满足，快速对接消费者的需求，快速进行产品迭代……所有这些建立在速度基础上的经营行为，根本上是在围绕用户的需求展开的。消费者借助各种数字媒介获得各方面与品牌相关的信息并迅速做出决策，任何落后于消费者需求的反应都可能失去得到消费者青睐的机会。在数字世界里，信息都是以比特（bit）的形式存在，它的传递速度远远快于传统品牌所依赖的原子的传输速度，各种支持比特传输的物质载体正以极快的速度降低人们获取信息的成本。"摩尔定律"为人类清楚地描述并展示了人类处理信息能力提高与成本降低的双重利好前景。今天，一部普通手机具备的解决问题的能力，甚至比几十年前一台大型计算机还要强大得多。正是在消费者的反向驱动下，品牌被迫改变传统的运作模式，不得不向新的形态演进，这就是数字品牌。它不是"门口的野蛮人"，它就在我们身边，以其超越常规的响应速度侍服人类，满足潜伏于人类内心深处的各种需求，说到底，它就存在于你我的心里。

五、数字品牌逆袭成为可能

小米手机、罗辑思维、吴晓波频道、天樽空调、三个爸爸、河狸家……一个个以数字媒介作为运营核心成长起来的品牌，在各自领域内像一匹黑马，正以凌厉的姿态挑战现有格局中的既有品牌。它们尽管总体上数量不多，但预示了一种全新的可能性：把握消费者口味和时代脉搏的数字品牌，借助数字媒介蕴藏的巨大威力，完全有可能超越传统品牌，利用速度优势开创全新的品类，实现对既有品类格局的逆袭。

1. 数字媒介的蓬勃发展

信息技术已经成为社会运作的支撑性力量，运行于其上的数字媒介更是蓬勃发展，信息高速公路为企业将业务转移到数字媒介渠道上提供了强大的支持，各种数字媒介的普及率得到了很大的提升。

数字电视。按照国家的整体部署，2015 年年底，所有电视节目都以数字信号播出。根据《中国有线电视》杂志报道，截至2015 年 5 月底，我国有线数字电视用户达到 19289.9 万户，有线数字化程度约为 83.51%（有线电视用户基数为 2.31 亿户，数据来源于国家广电总局），我国有线电视数字化整体转换已步入中后期。这意味着以数字电视或通过数字机顶盒的形式完成数字化转换后，电视媒介理论上能够影响到近 4 亿家庭的 13 亿观众，数字电视将成为家庭信息平台，成为家庭成员处理信息的枢纽。当用户通过数字电视获取并消费信息，运营商会根据历史数据了解该家庭潜在的产品消费意愿，从而将匹配的产品信息推送给家庭用户。目前在美国已经出现了电视可寻址广告，就是根据以往该家庭的电视节目和广告的浏览行为判断消费偏好，将匹配的广告存储在电视的机顶盒中，在适当的时机播出，这样三排座家庭轿车的电视广告只会给有孩子的家庭播放，顶级洗衣粉广告只会显示给高收入家庭。如果用户想参与品牌发起的活动或购买某一品牌的产品，就可以通过遥控器或其他智能设备的应用来实现，互动形式的采用为品牌提供了更多的与用户建立连接的通道。[1]

在"占领客厅"的浪潮下，传统电视厂商和新兴的互联网公司纷纷进军智能电视这一领域，在多方竞争之下，前几年还停留在概念普及阶段的智能电视，不但在产品性能上质量不断提升，而且在价格上也能够让消费者接受。这些新型电视的"智能"主要体现在对用户消费行为的洞察和兼容相关家庭电器上，按照小

---

[1]　冯烨：《电视可寻址广告的"读心术"》，《媒介》2014 年第 11 期

米公司董事长雷军的说法，智能电视将成为家庭的显示中心，家庭中的其他电器设备的运行情况通过智能电视的显示屏能够做到可视化，并与其他设备有更多的交互。无论是传统电视机的数字化改造，还是新型智能电视机的广泛普及，这些用数字技术驱动的设备会更加稳固地占据家庭的客厅甚至是书房的位置。

移动设备。上网手机的数量一直呈现高速上涨的态势，除了传统的功能机外，智能手机数量的上涨更是处在难以遏抑的上行通道中。截至2016年12月底，我国网民中使用手机上网的比例为95.1%，较2015年底增长了5个百分点，继续保持增长。

PC机。通过台式电脑和笔记本电脑接入互联网的比例分别为60.1%和36.8%（截至2016年12月底），尽管呈现负增长，但总体规模仍处于较高水平。

除了上述几类常见的可联网数字设备外，汽车、空调、冰箱等植入智能芯片的设备与用户用于处理常规事务的设备（如智能手机）相连，能很好地管理各类信息，这些设备成为数字品牌传播和沟通的便捷通道。当这些数字设备越来越深入地进入消费者的生活空间，所产生的信息通过综合分析，品牌能够全面了解消费者的需求。当这些拥有"数字芯"并能实现普遍互联的设备几乎无缝覆盖消费者的日常生活轨迹，品牌无疑将获得巨大的发展空间。

2. 消费者信息接受习惯的改变

根据著名财经作家吴晓波的观察，80后不但成为创业的主力，同时也是消费的主力，他们同时是国内一线城市旅游和游玩的重度人群。根据CNNIC最新调查数据，80、90后人群占上网人群的比重超过三分之一，这些从记事开始就有机会接触互联设备的"数字原住民"是互联网的重度使用者，他们对移动互联网的依赖程度远高于其他年龄段人群。

中国人民大学教授喻国明带领团队所做的调查结果表明，移动互联时代的互联网已经成为全媒体霸主和注意力大赢家，城市互联网用户在资讯需求、知识及素养需求、政治参与需求、休闲娱乐需求、决策判断需求五个方面的信源倚重度上，互联网已经全面超越了其他媒体。①

聪明的消费者更愿意采信来自网络社群好友的评价和推荐，这是品牌传播面临的新挑战。博报堂生活综研（上海）的研究人员在2014年所做的调查发现，人们认为来自朋友的信息是值得信赖且有价值的，且"圈子"意识影响着信息收发行为。那些"每周2次以上接收并发送新产品、新服务信息"的高频率收发者占到了中国网民人口总数的55%，这一比例大大超过分别占比10%和40%左右的日、美两国。这群新兴的信息传播者，不仅争先恐后地为获取新信息而奔波忙碌，还将这些新信息源源不断地带回圈内共享，正如蜜蜂的筑巢集群行为一般，这群人被命名为"信蜂"。②

随着各种社交媒介的广泛使用，消费者之间相互推荐的力量越发强大。奥美互动的研究表明，社交媒体用户普遍是"阿尔法"（Alpha）消费者。这一概念由娱乐经济学家 Michael Wolf 于

① 喻国明等：《移动互联时代：城市用户媒介使用和信息消费的"新常态"》，《传媒蓝皮书：中国传媒产业发展报告（2015）》，社会科学文献出版社2015年版，第23页
② 庄文静：《得"信蜂"者得圈子》，《中外管理》，2014年第10期

1999 年提出（首次出现在他的《娱乐经济》一书中），阿尔法消费者就是赋予产品理念、使用产品并最终向他人推荐产品的一个消费群体，在以上行为方面扮演着主要的角色。①

无论是"信蜂"还是"阿尔法消费者"，都在印证同样的趋势：消费者更多通过数字媒介获取有关产品和品牌的信息，并愿意在各种数字媒介构筑的社交网络中进行扩散和传播。如果与品牌相关的信息不能通过数字渠道有效传播，与品牌运营相关的环节不能借助数字渠道让消费者了解和认知，这样的品牌将会被消费者疏远，逐渐降低消费者与其连接的意愿，并丧失被选择的机会。这意味着无论品牌在线下做得多成功，如果不能以消费者习惯和喜欢的方式与其进行沟通，都可能在新世界里失去消费者。美国营销领域的著名学者艾·里斯在《22 条商规》里曾明确提出这样的观点：（传统）品牌和互联网品牌根本是两回事。② 原本在传统世界里很成功的品牌，却因为不了解数字世界的规则而迷失方向。海尔旗下的子品牌雷神游戏本电脑通过与消费者粉丝进行深入沟通和交流，不但发现了游戏玩家对理想游戏笔记本的真实需求，而且借此积累了大量的潜在用户。负责人之一李宁在与粉丝通过 QQ 群交流时，发现了一个让他们特别吃惊的现象：90 后根本就不认牌子，只认性能，去掉了海尔的品牌，反而能拉近与用户之间的距离。③ 由此可见，今天的消费者对品牌的认知方式已经发生了很大的改变，只有想方设法接近消费者并以他们接受

---

① 韦棠梦：《全方位利用社交媒体》，《成功营销》，2010 年第 8 期

② 艾·里斯等：《互联网商规：品牌和互联网品牌是两回事》，《销售与管理》，2014 年第 2 期。

③ 胡泳、郝亚洲：《海尔创新史话》，机械工业出版社 2015 年版，第 231 页

的方式深入沟通，才有可能让品牌进入他们的选择菜单。洞察他们在数字世界中的行为方式并尽可能与其建立有效持久的连接关系，这是赢得消费者的最佳选择。

3. 诸多企业改变竞争格局的强烈诉求

传统世界是由众多大品牌界定市场格局的世界，按照传统商业环境的市场运行规则，"强者愈强，弱者愈弱"的马太效应始终发挥作用。不知名的小品牌在传统市场格局中与大品牌进行竞争，胜算的概率微乎其微。这是因为传统的商业经营要素多是建立在原子的基础上，优势资源始终向优势企业倾斜。无论是研发、原材料供应、产品生产、销售渠道还是营销资源，都是由大企业、大品牌来制定规则。但是，当数字媒介出现后，传统的市场法则开始发生变化。几年前风靡一时的游戏《愤怒的小鸟》，由芬兰赫尔辛基的一家5人小公司开发出来，正是发挥小公司可以比大公司行动快得多、有想法就可以迅速实施的优势。缺乏资源是小品牌的短板，但行动更快弥补了不足，这是它们获得成功的关键。

从理论依据上让小企业、小品牌看到希望的是由克里斯·安德森总结并大力传播的"长尾理论"，该理论说明了一个道理：由于数字媒介不占据物理空间，而网络空间几乎是无限的，因此，占据大热门（短头）的大品牌与居于长尾的诸多小品牌都能找到各自的发展空间，因为不同的消费者从无比广泛的选择空间里都能找到满足各自需求的品牌和产品，再小众的产品只要能在商品数量上达到盈亏平衡点以上就会有利润，就能找到生存空间。该理论描述的趋势，在2000年以后逐渐变成现实，最明显的就是如雨后春笋般涌现的各类淘品牌——在淘宝网上开店的各个店主。尽管这些网店绝大多数售卖的产品销售额并不高，但能够满足不同人群的需求，因而总能找到属于自己的一席之地。

而让新创企业看到曙光在前的原因，还在于一个个逐渐成长起来的新品牌，正在利用数字技术提供的新机遇，瞄准大品牌没有看到或不屑进入的领地取得成功。比如，360公司就看到了浏览器、杀毒、搜索领域各大巨头在用户体验上没有做到位而留下了的提升空间，凭借其在技术上的持续研发和迭代优化，逐渐切入网络服务领域而获得成功。同样，在手机领域，小米手机在国内外品牌林立的市场环境下，看到各大手机品牌厂商忽略低价高配市场商机，成功推出低价位智能手机，瞄准了移动互联网时代的风口而实现对大品牌的成功逆袭，其中的深层次原因，在"破坏性创新"之父克莱顿·克里斯坦森的《创新者的窘境》一书中得到了很好的解释：正是因为推动那些管理良好的大企业为龙头企业的管理方法，严重阻碍了它们发展破坏性技术，而这些破坏性技术最终吞噬了它们的市场，原因在于这类技术改变了市场的价值主张。① 他的结论源于对硬盘、挖掘机、钢铁和汽车行业的破坏性创新案例的深度解析，这一观点有足够的权威性。

这种颠覆式创新也有可能发生在传统企业内部。大企业为保持对市场竞争反应的灵敏性，通常以内部创业的方式鼓励新产品和新品牌的孵化，最为典型的就是海尔集团。董事长张瑞敏多年前就开始着手面向互联网时代的企业转型，在确定"企业平台

---

① ［美］克莱顿·克里斯坦森：《创新者的窘境》，中信出版社2014年版，第255－256页

化、员工创客化、用户个性化"方向后，鼓励企业员工积极进行内部创业，集团会对那些成功的产品进行扶持。天樽空调、雷神游戏本电脑、水盒子等子品牌产品正是在这一政策鼓舞下脱颖而出。在海尔集团的构想中，集团外的创新者也可以通过"在线"（相对于"在册"而言）的方式对接到海尔平台上，创新产品可以纳入集团的大系统中进行运营，这无疑为那些希望搭上大品牌快车寻求成功捷径的品牌提供了有利机遇。

近些年已经出现了诸多的平台型开放企业，它们通过提供资金、技术、营销资源等方式吸引创新者一起打造利益共同体。比如，腾讯几年前就开始提供开放平台，通过优厚的开发基金吸引开发者入驻腾讯平台，至今已成功孵化多个技术项目。而像微博、微信这类社会化媒介，通过开放应用程序接口（API）的方式，已经成功地与金融系统对接，帮助企业和消费者解决支付问题，这也大大降低了小品牌的进入门槛。而上述两个平台型媒介庞大的用户基数，有助于解决品牌与消费者之间如何实现有效连接的问题，节省了大量的营销、公关及品牌管理的费用。除此之外，经过多年的市场培育，品牌发展所需的大量资金，已经建立起来的投融资服务体系对此提供了较为完善的保障。比如，小米公司董事长雷军利用其天使基金投资人的身份，围绕其生态建设目标不断投资新公司，未来会投资上百家类小米公司。其他投资公司或像蚂蚁金服这类面向中小企业的金融服务体系逐渐成长起来，这些公司提供的资金，能够为有创新要素的公司提供很好的外部支持，此类成功的先例不胜枚举。近年来风生水起的众筹模式，也大大降低了品牌进入市场的门槛，为新兴品牌的孵化创造机遇。在"以快制胜"的新商业规则面前，大品牌遭遇了前所未有的挑战，新品牌的活力逐渐迸发出来，数字技术催生的"大象与蚂蚁共舞"时代已然来临，数字品牌必将迎来蓬勃发展的新时代。

4. 价值共创浪潮的推动作用

无论是小米、罗辑思维，还是吴晓波频道、天樽空调，从经营模式看，这些摒弃传统品牌由企业一手打造再推向消费者的做法，正是由企业推出产品的最初版本甚至产品雏形后，吸引认同产品价值观的消费者围绕品牌口号（Slogan）不断丰富产品形态，在消费者与品牌方的共同维护和完善下品牌逐渐变得强大起来。以这种方式打造的品牌，似乎没有终极形态，而是一直处于不断发展、持续调整的过程中。这就是数字品牌与传统品牌在价值生成上的差异：由消费者、品牌方以及其他的利益相关方共同创造价值。当以这样的观念来构建品牌时，就打破了企业作为品牌唯一价值主体的观念，而是将相关力量汇集起来，进入更具竞争力的品牌建设阶段：构建品牌价值共同体。

所谓品牌价值共同体，就是基于相同或相近的品牌价值观念的相关主体组成的非组织化的利益联盟，价值主体之间以品牌为核心建立互惠关系。在这一共同体中，企业是构建生态的主体，消费者是生态的核心，与产品生产相关的组织为生态系统的构建提供技术、服务等各方面支持。这一品牌建设重心的调整，是以服务主导逻辑取代传统的商品（产品）主导逻辑，即品牌追求的不是以产品的售卖为最终目标，而是以产品为核心提供更多有价值的服务以持续吸引消费者，提高消费者对品牌的好感度，从而维护品牌关系，实现品牌更深层次的认可，进而获得更大利润。服务主导逻辑的核心主张包括：①服务是一切经济交换的根本性基础，所有经济都是服务经济；②企业和顾客在资源整合和能力应用的相互作用中共同创造价值；③价值创造还需要许多实体的共同参与，价值来源于企业和其拥有的客户、供应商、雇员、利益相关者和其他网络合作伙伴互动中的服务体验；④企业并非向顾客营销（Market to），而是与顾客营销（Market with）；⑤供应商营销活动的本质是提供价值主张/承诺，只有顾客才是服务互动中价值的评判者；⑥强调过程导向而不是产出导向。① 由于消费者可以随时随地通过各种数字设备与品牌进行连接，品牌必须随时响应消费者的各种需求。在双方持续不断的互动中，品牌的价值观不但会愈加清晰地传达给消费者，而且能够根据消费者的需求不断加以提升和完善，更为契合消费者需求。当消费者能够获得品牌的功能性价值之外的情感性价值乃至自我表达价值后，他们对品牌的满意度甚至忠诚度指标自然会提高，无疑会增强品牌的竞争力。

这种让消费者与品牌共创价值的方式，小米公司称之为"参与感"，就是内容运营遵循"有用、情感和互动"的思路，只发有用的信息，避免信息过载，每个信息都要有个性化的情感输出，要引导用户来进一步参与互动，分享扩散。为让用户充分参与进来，小米的做法是全面"开放参与节点"，把做产品、做服务、做品牌、做销售的过程开放，筛选出让企业和用户双方获益

① 张婧、邓卉：《品牌价值共创的关键维度及其对顾客认知与品牌绩效的影响》，《南开管理评论》，2013 年第 2 期

的节点，双方获益的参与互动才可持续。开放的节点应该是基于功能需求，越是刚需，参与的人越多。① 给消费者参与的空间越大，消费者越会感觉自己在品牌的价值生态中地位的重要性，越会把对品牌有价值的观点、智慧和行动贡献出来，品牌约会也会变得越来越频繁、持久。海尔雷神游戏本电脑就是品牌方在与游戏玩家充分沟通后，发现消费者对当时市面上所有游戏本电脑都不满意。开发团队从大量用户反馈意见中提炼出 13 个痛点，认为有能力解决大多数痛点，才决定进军这一领域。在产品研发过程中，开发团队通过多个 QQ 群直接沟通，充分了解用户的每一项需求，最终取得了产品上市不久销量即位居行业第二名的好成绩，很大程度上得益于品牌运营的各个环节都让用户参与价值共创进程。国外也有大量类似的案例，比如玩具领域知名度最高的乐高品牌，就通过在线征集玩具设计方案的形式，让消费者为乐高设计玩具，并将用户认可度高的模型开发出成品上市，与消费者按比例分成来共享收益。更多面向用户汇聚智慧的类似方式，让乐高不断推出大热产品，成功挽救了公司的财务危机，使其今天依然占据玩具领域最具影响力的领导品牌地位。

近两年基于互联网兴起的项目众筹形式，是价值共创更为直接的表现形式。众筹是利用互联网和 SNS 传播的特性，让小企业、艺术家或个人对公众展示他们的创意，争取大家的关注和支持，进而获得所需资金援助的形式。这是一种以开放形式吸引对项目感兴趣的人群共同完成一件认可其发展前景的商业活动，项

① 黎万强：《小米口碑营销内部手册：参与感》，中信出版社 2014 年版

目持续运营形成产品或服务品牌，从一开始就能得到比一般品牌更高的知名度。比如在京东网上实施众筹并得到广泛响应的空气净化器品牌"三个爸爸"，就是通过众筹的方式得到该品牌运作所需资金并逐渐走上正轨的新品牌。由于响应众筹的投资人都需要提供一定额度的资金成为项目股东，他们首先要认可产品的核心价值，并在共同价值观的号召下积极为项目献计献策。而为了产品有更好的售卖从而得到更高收益，参与众筹的股东会不遗余力地传播与品牌相关的信息，以赢得更多消费者的认可，售卖更多产品。"罗辑思维"在2014年中秋节前后曾经尝试过在该品牌会员中开展制作、售卖月饼的活动，从产品设计、制作、售卖、配送等环节全部使用的是会员的资源和智慧，参与众筹的会员在该项目结束后都获得了高于行业平均值的收益。数字媒介能够打通品牌运营的各个环节，提高了运作的透明度和开放度，相信未来会有越来越多的众筹品牌出现。

　　总之，在上述几个因素的共同促进下，数字品牌作为一种基于数字技术出现的新的品牌形态，将会随着技术的进步和消费者需求及行为习惯的改变而越来越多地涌现出来，不但包括那些完全基于数字媒介打造的原生型数字品牌，还包括为接近数字空间的消费者而主动进行转型的传统品牌（延伸型数字品牌）。这类品牌将成为品牌存在的主流形式，最终改变并重塑人们的品牌消费方式。

　　数字媒介的爆发式增长降低了品牌进入市场的门槛，但同时带来了另外一个更为严峻的问题：更多的竞争者和更大的危险性。选择数字品牌只是在正确的方向上迈出了第一步，在品牌构建和发展的每一个环节上，如何把握住要点，从而有针对性地发力，是更大的挑战。接下来的各章将围绕数字品牌构建涉及的各方面内容分别展开讨论，以期为更多品牌进入良性发展轨道提供参考。针对不同环节，我们以传统品牌为参照系，设专章进行讨论，整体框架如下：

第二章《格式塔形态》，讨论品牌的存在形态。当用户有便捷的通道广泛、深入参与品牌价值生成和传播的进程时，品牌将以"格式塔"的形态始终处于动态变化之中。设置好用户参与的有效机制和进入点位，是开放、共享时代品牌必须处理好的问题。

第三章《嵌入式连接》，讨论的是品牌与用户有效连接的方式。与以往外在于用户的生活空间且过于倚靠广告等硬性手段强行建立连接关系不同，数字品牌借助各种软件和智能硬件嵌入用户的数字空间，使用户在自然状态下随时随地与品牌发生关联，主动建立连接关系，并最终融入用户生活圈而产生依赖，实现永久性连接。

第四章《轻资产运作》，聚焦于数字品牌区别于传统品牌的凭借重资产建立竞争壁垒的运作方式。依靠数字技术和便利的市场条件，数字品牌可以采取更灵活、更轻便的运作方式，凭借轻资产快速、便捷地切入市场，找到自己最擅长的领域占据优势地位。

第五章《社群化生存》，探讨品牌独特的生存方式及组织用户的形式。通过构建品牌社群增进与用户以及用户之间的关系，同时激发社群成员的创造性和凝聚力，让品牌社群成为稳固的价值共同体，以自组织的形式提高品牌的生存能力和运营效率，提高竞争力。

第六章《节点化营销》，关注品牌如何利用便捷的节点灵活高效地进行营销。相比于传统品牌，数字品牌有更为多样化的媒介渠道，除了利用自身作为营销网络中的节点直接参与营销，还可广泛整合其他节点，追求更为有效的品牌营销效果。

第七章《流动性体验》，讨论在体验经济时代品牌如何把握数字技术推动下的流动性的特质，顺势而为地为用户带来流畅的体验，让品牌沟通与传播渗透于随性自然的日常行为中，潜移默化地影响用户的品牌抉择。

第八章《智能化生态》，讨论数字技术汇聚各方面信息能够增强品牌智能，有可能形成围绕用户各种需求、涵盖多个品牌和产品的生态圈，并存在进一步构建品牌平台的可能性，以统一的标准和透明的机制将更多品牌纳入其中，形成更具竞争力的智能生态平台，进入品牌发展的高级阶段。

第二章

格式塔形态

价值连接是品牌的本质属性，品牌只有体现出满足用户需求的价值才能得到青睐。在服务主导逻辑下，用户成为共创品牌价值的核心要素。用户如能从共创价值过程中获得更多的满足，就会产生与品牌主动连接的意愿，用户因而成为不断丰富品牌价值形态的联合建设者，与企业共建"格式塔"品牌。数字媒介为消费者提供了各种参与品牌建设的渠道，基于"格式塔"品牌建立价值共同体，并逐渐形成稳固的品牌价值生态，是品牌发展的未来方向。

在有关品牌建设的研究上，越来越多的研究者将品牌关系视为品牌竞争力的重要因素，其中品牌与用户之间的关系是重中之重。"与顾客之间良好的品牌关系为竞争者进入构筑了巨大的障碍，使得竞争者进入消费者品牌关系牢固、品牌忠诚度高的市场，需要花费大量的资源，或者即使勉强进入，公司盈利潜力也大幅度降低。"① 鉴于品牌关系的重要性，PAYNE 等从服务主导逻辑出发提出了品牌关系体验理论模型，认为用户与品牌通过一系列的互动过程建立了直接或间接的情感关系，并且通过这种关系共同创造品牌价值。② Max Blackston 认为品牌关系是品牌和消费者的互动过程，原有的单一向度的品牌形象代表的是消费者对品牌的态度和行为（客观品牌），要考察品牌关系，必须同时考虑品牌对消费者的态度和行为（主观品牌），主观品牌与客观品牌的互动就形成了所谓的品牌关系。③ 品牌关系的强弱已经成为品牌是否具有排他性竞争能力的重要因素，能否调动用户参与品牌建设将成为未来品牌发展的关键。今天，当用户拥有各种数字终端，可以获得更多与品牌相关的信息并能够便捷地参与与品牌建设相关的环节时，作为品牌价值创造共同体成员的用户在品牌关系构建中扮演的角色愈发重要，甚至有可能改变品牌的生态环境和生存方式。当用户从以往品牌生态系统中的终端购买者到全面参与品牌建设中各个环节的价值共创者，品牌的存在形态必然随之改变，对这一问题的认知程度，决定了我们将以什么样的思路进行品牌建设，决定了品牌建设的目标设定。

一、品牌的本质在于价值连接

在任何时代，品牌存在的意义都在于能为用户提供满足某方

---

① 张燚等：《利益相关者视角下的品牌关系模式研究》，《企业经济》，2008 年第 10 期
② 张明立等：《服务主导逻辑下品牌关系互动对品牌忠诚的影响》，《管理学报》，2014 年第 8 期
③ 王成荣：《品牌价值论》，中国人民大学出版社 2008 年版，第 101 页

面需要的价值，这是品牌生存和发展的基础，品牌价值成为品牌运作的核心和枢纽。尽管对于企业而言品牌的财务价值很重要，但从市场竞争的角度看，品牌的消费者价值才是根本，即从用户认知的角度来定义品牌价值。"品牌价值既与生产者的特殊劳动投入的数量和质量有关，也与市场上消费者的认可程度有关。因此，品牌价值的内涵可以界定为消费者认可的品牌所赋予产品的物理功能之上的情感和体验附加值。"① 从总体上看，品牌价值除了作为品类成员所具有的功能价值（产品满足用户需求的基本用途）外，还具有情感价值（使用产品带给用户的情感回馈）和自我表达价值（利用品牌宣告自己属于哪一类人或归属于哪类群体），后两类价值在很大程度上决定了消费者的选择倾向。正如美国学者唐·舒尔茨所说，"品牌的价值来自它的与众不同之处，来自品牌让其产生的信任感、品牌蕴藏的内涵、品牌在消费者心目中创造的联想，以及品牌如何满足消费者各种复杂的需求和意愿。如果得不到消费者的重视，品牌对企业几乎没有任何价值。"② 这些满足用户不同需求的要素，能在用户需要的时候主动与品牌产生关联，建立与品牌之间的连接关系，它们是品牌与用户连接的内核，决定了用户与品牌产生连接意愿的强度和频度。因此，对于品牌建设而言，所有企业自始至终面临的都是同一个问题：如何与用户建立价值连接关系。

　　数字媒介出现以前，品牌与用户之间的价值连接渠道是各类

---

① 王成荣：《品牌价值论》，中国人民大学出版社 2008 年版，第 101 页

② 唐·舒尔茨：《SIVA 范式：搜索引擎触发的营销革命》，中信出版社 2014 年版，第 95 页

传统媒体及各种线下传播渠道，通过它们将企业经过反复推敲和论证的品牌价值口号借助各种媒介向目标用户进行传播，意在让用户接受。这种方式已经存在了几百年，一直是品牌传播自身价值的重要选择。但数字媒介出现后，这种方式越来越受到质疑，其有效性大打折扣，原因很简单：决定是否建立连接关系的主动权已经逐渐转移到用户手中，用户不但成为建立连接关系的数字媒介的主导者，而且能够利用这种媒介按需进行连接。从互联网为代表的数字媒介发展过程中，我们能够清晰地看到媒介主导权的转换。

在互联网早期的局域网时代，数据交换是核心，人与计算机的连接占主流；

门户网站时代，以媒体为中心的信息展示是核心，人与信息的连接占主流；

Web2.0时代，以人为核心的双向对等交流是核心，人与人的连接占主流；

移动互联网时代，以人为中心的信息汇聚是核心，人与品牌的连接占主流；

智能媒介时代，以人的需求为根本的服务聚合是核心，人与服务的连接占主流。

到了数字技术广泛渗透社会生活各个方面的今天，数字媒介已经赋予用户越来越大的主导权，用户不但能够随时随地与各种所需的服务建立连接关系，更为重要的是能够实现按需连接，不需要的信息不去连接，或直接从选择菜单中剔除。对于品牌而言，能够为用户提供价值才有可能获得用户的选择，不同的价值决定不同的选择强度和频次。

从这个角度考察不同媒体对于品牌的价值，可以清楚地看到今天的传统媒体所处的窘境和数字媒介的独特价值所在。

总体而言，传统媒体在功能价值的传达上无疑具有巨大优势，但在情感价值和自我表达价值的传播上却收效甚微：说到底，这两种价值都是从消费者角度才能更好地加以呈现，而这两种价值决定了消费者对品牌的认可度和忠诚度。当企业越来越多地通过各种数字媒介有效传递这两类价值，对于品牌而言可以收获更多消费者的好感，这是传统媒介环境下很难想象的。

不仅如此，即使是品牌的功能价值，由企业生成并借助各种渠道单向传播的方式也越来越受到质疑。这种在信息不对称语境下奏效的广告模式，在日趋透明化的传播语境中越发显得蹩脚和做作。聪明的消费者宁愿采信来自网络社群好友的评价和推荐，这是品牌传播面临的新挑战。根据博报堂生活综研（上海）的研究人员 2014 年的大规模调查发现，人们认为来自朋友的信息是值得信赖且有价值的，且"圈子"意识影响着信息收发行为。那些被称为"信蜂"的新兴信息传播者，成为朋友圈好友获取信息的重要来源。

更为重要的是，拥有丰富选择的用户已经不满足于作为价值链条终端的被动角色，他们会对感兴趣的品牌提出自己的需求，对产品的改进和功能的完善表达自己的意愿，参与品牌传播过程和品牌营销进程。广为业界称道的小米品牌，就是从产品研发、功能完善、营销策划、品牌传播等各个环节全面吸纳用户的反馈意见，从而赢得了后者的好感和持续关注，在很短的时间内实现品牌的跨越式发展。在互联网时代包括小米公司在内的多个品牌获得市场的认可，都在不同程度上把握了当下体验经济时代的精髓——让用户参与到商业流程。国外的相关调查数据为这一趋势提供了佐证。"Wetpaint公司和Altimeter集团发起的一项调查表明，在社会化网络中消费者参与度最高的品牌，其销售收入可增长18%。值得注意的是，消费者对话对品牌的影响力之大甚至能在危机时刻挽救品牌。"①

当用户能够如此深入地参与建立品牌连接的通道，决定品牌价值内涵与传播形态的流程和规则必将随之改变。如果说传统媒介环境下企业在品牌价值生成和传播上尚可以进行独奏，在今天用户权利意识和参与意识日益觉醒并有充足的媒介资源可用的条件下，决定品牌价值及其呈现形态的不只是企业，用户无疑是同等重要的一极。企业应开放相关接口，让用户有效参与品牌价值生成和传播过程，这样才能演奏出和谐的品牌交响，从而确保品牌的持久竞争力。数字媒介带来的是价值连接方式的改变，品牌应主动适应这种改变，将用户全面纳入品牌价值建设流程，构建"格式塔"品牌以摆脱随时可能被消费者抛弃的不利境地。

二、"格式塔"品牌增强消费者连接意愿

"格式塔"一词是英文Gestalt的中文音译，本是心理学的术语，意为"完全形态"或"经验的整体"，简称"完形"。诞生于20世纪初期的格式塔心理学主要研究人的视知觉过程，这一学

---

① 菲利普·科特勒：《营销革命3.0》，机械工业出版社2011年版，第68页

派认为，任何事物都是作为一个整体而存在的，但我们对它的认识必须通过各种感觉器官来分别进行。每一种感觉器官只能感知其中一种属性。这样，当各感觉器官感知的信息汇集到大脑时，是一些互不关联的、离散的信息。这实际上是把一个整体以不同的属性为标准拆散开来。然后，按照一定的规则将离散的信息组成整体。这种把事物各个部分有机地结合在一起的特性，称为"知觉的整体性"或"完形"。① 有论者经过研究发现，这一心理学原理不但适用于对艺术创作的理解，而且适用于对自然界的大多数现象的描述，并认同美国学者阿恩海姆"某一整体式样中各个不同要素的表象看上去究竟是什么样子，主要是取决于这一要素在整体中所处的位置和起的作用"的观点，并将"格式塔（完形）"概括为知觉整合，认为"所有处于一定环境中的有机体，其对周围事物的认识、反映和作用都是基于内外心智体认的一种'格式塔'过程。"②

用户对于品牌价值的认知同样需要汇集与品牌相关的各种信息，在对这些信息进行综合处理后，形成对某个品牌价值的整体认识和评价，从而确定是否选择这一品牌。以往用户有关品牌价值的信息源主要是各种大众传播媒介，单一的信息源构成用户评价的主要依据。企业进行品牌传播的基本手段就是购买传播品牌价值信息的媒介资源，这几乎成为所有企业获得市场认知的基本方式，即按照固定的文案格式和刊播格式发布广告。在这个意义

① 胡婧：《广告信息传播中的格式塔思想探析》，江西师范大学 2008 年硕士论文，第 15 页
② 钟虎妹：《我国报业组织核心竞争力研究：基于"格式塔"竞争的视角》，人民出版社 2008 年版，第 44－46 页

上，那些按照常规手段向消费者单向灌输品牌价值信息建立的品牌形象可称为"格式化"品牌，其结果就是同一种类的品牌区隔很小，甚至可以忽略不计。随着更多用户围绕品牌发布的信息日益丰富，用户主动获取有关品牌信息的渠道日益便捷，由品牌方控制品牌传播渠道、主导品牌信息传播方向的局面被彻底打破。各种社会化媒体和应用软件将对同一品牌感兴趣的用户聚在一起，形成看似松散实则非常聚焦的品牌社群，他们围绕品牌所采取的行动，无论是讨论、转发还是评论的信息内容，都会不同程度影响用户对某一品牌价值的认定。

不但如此，顺应用户与品牌多层面、近距离接触的要求，大多数品牌推出了网站、微博账号、微信公众号等自营媒介，这些能让用户便捷找到并便于互动的媒介形式，无时无刻不在展现着品牌的不同侧面，这些都构成用户认知品牌价值的信息来源，它们持续改变或巩固用户对某一品牌价值的认知程度。

总之，无论是品牌方主动传播的信息，还是用户之间围绕品牌讨论、传播的信息，以及品牌借助自营媒介与用户互动而产生的信息，它们都是用户认知品牌价值的信息来源。与前数字媒介时代由品牌方主导品牌价值形成巨大反差，今天的品牌价值需从用户认可的角度来界定，即品牌能够满足用户对品牌的哪方面的诉求或期待，并为用户所感知和体认，否则会让用户感觉该品牌与自己无关而失去被选择的机会。一个能够得到用户认可的品牌，一定是其某方面的价值赢得用户的青睐。在由品牌方和用户围绕品牌形成的利益共同体中，只有找到双方的"最大公约数"即双方都认可的价值观念，才会形成推动品牌发展的合力，实现品牌的可持续发展。而在用户掌握市场主导权的今天，定义品牌价值的权力杠杆无疑偏向了用户一端。品牌价值应该由用户参与制订，品牌价值内涵应该源于并最终满足用户的需求。而品牌方所扮演的角色，应是提供维护品牌与消费者关系以提升品牌价值的平台，顺应用户的需求适时调整。

这一判断是建立在商业发展和品牌进化的趋势性判断的基础上。"在新经济背景下越来越多的公司像华为和苹果公司那样提供的既不是纯商品也不是纯服务，而是将两者结合以解决方案（Solutions）的方式提供给顾客……越来越多的学者建议用新的服务主导逻辑（Service Dominant Logic）取代传统商品主导逻辑来理解经济交换和价值创造指导企业的战略制定和产业的培育……服务主导逻辑下服务是一切经济交换的根本性基础，所有经济都是服务经济……服务主导逻辑下顾客不再是价值的毁灭者，企业和顾客共同创造价值。"[1] 有学者明确提出"服务主导逻辑应该成为品牌研究的逻辑新起点……价值共创成为品牌培育的关键路径。"[2] 由此可见，用户作为价值共创的协作主体，日益成为研究者的共识。

"格式塔"原理的核心是知觉整合，是"完形"，是在感知到某一局部的信息后倾向于整体建构，是主体对客观事物的动态把握。今天用户所处的是碎片化接收品牌信息的时代，如果用户在从品类中选择某一品牌时，他所获得的信息无法有效建构起一个

---

[1] 刘林青等：《从商品主导逻辑到服务主导逻辑——以苹果公司为例》，《中国工业经济》，2010 年第 9 期

[2] 张婧、邓卉：《品牌价值共创的关键维度及其对顾客认知与品牌绩效的影响》，《南开管理评论》，2013 年第 2 期

价值丰富的品牌整体形象，或用户所感知的品牌无法有效激活用户的实际需求，用户心目中的品牌价值体系就无法形成，品牌将失去被选择的机会。企业必须打破常规，吸纳更多用户的智慧和贡献。在品牌价值生成上，企业不应全盘包办，而应设置更多吸纳用户表达需求的"接口"，让用户参与品牌价值的界定。在品牌价值传播上，应充分授权品牌拥趸扩散口碑，或通过可参与的活动提高用户的品牌认知度，借助用户的力量延伸传播链条。当企业将品牌视为生机勃勃的价值生态网络而不是一成不变的僵化符号时，才有可能满足不断变化的用户需求，这种在共同价值观的驱动下由用户参与"完形"的品牌可视作"格式塔"品牌，即因应用户需求并接纳用户参与建设和完善其价值从而持续满足用户价值期待的品牌，是接纳用户参与形成品牌价值体系生成的品牌形态，与传统的"格式化"品牌形成巨大反差。这一概念强调一个品牌所具有的价值除了源于品牌方的主观设定外，更在于用户赋予品牌的价值要素，正是双方的动态交互共同形成一个品牌的整体价值形态。这就要求企业在面向用户进行品牌价值传播时，要以用户便于获得的渠道、乐于接受的手段和易受影响的方式，共同丰富和完善品牌的价值要素，持续提供激活用户兴趣的价值内核，让用户愿意参与品牌价值"完形"过程，让品牌真正进入用户心智，确保品牌在用户心目中成功定位，增强用户主动与品牌建立基于共同价值观念的连接关系的意愿，从而降低品牌自我完善及营销传播成本，获得竞争优势，这是新媒介语境下品牌必须认真对待的全新命题。

三、"格式塔"品牌的探索与尝试

尽管"消费者主权"的口号喊了很多年，但在企业可以凭借财力控制各种传播渠道的媒介环境下，消费者对于品牌价值的反馈意见很难得到企业的重视。正是因为数字媒介提升了消费者在信息传受链条中的地位，才使消费者有机会表达对品牌价值的期待，并让这些得以聚合的反馈意见影响品牌方决策，促使企业在品牌构建上主动转型，从而催生出更多"格式塔"品牌。这些先行品牌逐渐赢得了市场竞争的优势地位，带动更多的企业进行尝试。

"格式塔"品牌是适应用户需求并接纳用户参与生成品牌价值要素的品牌形态，产品无疑是最为核心的要素，也是品牌价值的载体。判断一个品牌能否成为"格式塔"品牌，主要看其产品在多大程度上将用户作为生产要素来制造产品，即用户的参与度成为核心指标。围绕用户的需求，基于核心价值丰富产品形态，通过多样化的产品持续获得用户的青睐，进而构建优质的品牌生态，与用户建立稳固的价值共同体，这是打造"格式塔"品牌的基本着眼点。

在国内企业中，小米公司就是摒弃传统方式转而打造"格式塔"品牌的企业。在"为发烧而生"的品牌理念指导下，围绕用户数字生活所需，不断推出新产品，形成系列化、全生态的品牌链条。小米手机作为该品牌的第一款产品，是在其开发出的MIUI手机软件得到广泛认可并拥有数以万计的粉丝后开始研发的。公司对该手机产品功能的设定，是通过向核心用户发放试用机后根据用户反馈意见不断完善的结果。为了获得用户的真实需求，公司成立专门的团队，通过小米论坛、微博和微信账号与用户进行广泛交流，从总裁到客服全部参与用户沟通环节。"小米手机的系统每周都会进行更新，每次更新都会发布几个甚至十几个功能，这其中就有三分之一是由用户提供的。"① 正是凭借对用户需求的深入了解和持续满足，才使得小米手机在推出几年后成为国内智能手机后起之秀，与主流手机品牌的市场份额相当，这在以往的市场环境下是无法想象的，这得益于品牌规则的根本性改变。"小米做品牌的路径不一样，这跟我们对商业模式和消费需求变化的理解直接相关。功能消费时代是无品牌，进入品牌时代，品牌是企业的品牌，而今天，我们应该建立的是用户的品牌，就是让用户参与进来。"② 基于这样的认识，当他们做出了有着浓厚用户基因的品牌后，围绕用户对数字产品的消费需求，又开发出了小米路由器、小米手环等产品，其产品开发和迭代思路与做手机一脉相承。这一颠覆传统品牌经营模式的做法已经引起了广泛关注，对其他企业有借鉴意义。

将用户的价值诉求融入产品开发、设计、制作环节，这一做法不仅限于新兴企业，传统企业面对新挑战也开始进行尝试并初见成效。海尔作为具有国际影响力的白电品牌，在总裁张瑞敏的带领下主动求变，探索传统产业与互联网结合的品牌经营新思路，最重要的举措就是通过自组织的形式建立自主经营体，借助

① 胡泳、郝亚洲：《张瑞敏思考实录》，机械工业出版社 2014 年版，第 192 页
② 黎万强：《参与感：小米口碑营销内部手册》，中信出版社 2014 年版，第 65 页

互联网技术，围绕用户需求开发新产品。在这一经营模式下，"海尔"母品牌扮演的是扶植子品牌的孵化器角色，每个自主经营体都是一个"小微"公司，它们在巨大的生存压力面前，必须找到细分市场，开发满足用户需求的新产品，甚至要打造新品牌。值得一提的是，海尔将"消费者"改称"用户"，就是希望能够拉近与后者的距离，与其建立稳定的关系。海尔集团从上到下全面进行互联网转型，至今已推出了多个被市场认可的新产品。

比如，2012 年《新闻联播》头条报道的海尔"天樽空调"，成功关键在于终结了长期困扰用户的"空调病"的"风洞"设计，而这一创新源于海尔员工和用户之间的深度交互。为了设计出真正能够解决用户需求的新型空调并推出创新产品，该项目团队在互联网上的各种交互平台上先后调动了近 70 万人参与进来，让这款满足用户价值预期的产品赢得了全新的市场。该产品"风洞式前瞻设计、手机智能操控、可以去除 PM2.5"的独特功能，让"天樽空调"品牌深深打上了用户塑造价值的烙印。[①]

企业对"格式塔"品牌的主动探索很大程度上源于危机意识，如果品牌在其价值生成过程中将用户排除在外，很可能会遭到抛弃。据海尔旗下"雷神"品牌游戏笔记本电脑主创李宁在分享该产品成功经验时说，他们自认为海尔这个名牌尽人皆知，但"与用户交流的时候发现，'90 后'根本就不认牌子，只认性能。

---

① 胡泳、郝亚洲：《张瑞敏思考实录》，机械工业出版社 2014 年版，第 211 – 212 页

去掉海尔的品牌，反而拉近了与用户之间的距离。"① 李宁团队针对游戏人群这一细分市场开发的笔记本新品，是通过 30 万条评论和 6 个 QQ 群与用户深度沟通的结果。"（团队成员）在各电商网站上收集了 30 万条用户对于游戏本的评论。他们将这些评论整理分析，然后抽离出了散热慢、易死机、常蓝屏等 13 条常见问题，也就是 13 条关键性需求。他们认为自己有能力满足其中的 7 条。"② 尤其是 6 个 QQ 群近 2000 个铁杆粉丝，在围绕制作出发烧级别的产品过程中，已与主创团队结成了利益共同体，"雷神"已经不独属于海尔创业团队，而是企业和用户共同拥有的品牌，是他们共同赋予了品牌独特的功能价值，并由此产生了独属于该品牌的情感价值。海尔内部团队成员无疑属于"创客"之列，这样的创新之所以能发生，与海尔全力推动的"组织社会化"变革驱动直接相关，这一思路的核心就是吸纳更多社会资源为企业所用。学者胡泳认为，"传统的只能于组织内创新的人，现在可从在册变为在线创业；与此同时，社会资源亦可来到海尔，转化为在线、在册创业……'人人创客'则是完全的开放心态。显然，张瑞敏在有意抹去组织边界，强调组织的社会化趋势。"③

　　基于这一创新思路，海尔在每一个需求点上都可能创造新产品，如海尔焙多芬烤箱，利用 APP"烤圈"构建生态，为用户之间基于共同使用的产品扩大品牌社群并带动产品销售，借助用户的口碑丰富并放大品牌价值，让"焙多芬"品牌在众多烤箱中独

---

①　胡泳、郝亚洲：《张瑞敏思考实录》，机械工业出版社 2014 年版，第 231 页
②　胡泳、郝亚洲：《张瑞敏思考实录》，机械工业出版社 2014 年版，第 229 页
③　胡泳、郝亚洲：《张瑞敏思考实录》，机械工业出版社 2014 年版，第 216 页

树一帜。这些基于用户需求、吸纳用户意见并得到用户积极响应的品牌，就是典型的"格式塔"品牌，从产品构想、功能完善、营销传播、产品使用等多个环节无不有用户的贡献。这类品牌与传统品牌有很大不同，其优势不仅仅停留在产品本身，更在于开放系统吸纳用户参与形成的价值共同体。

四、基于"格式塔"品牌构建价值共同体

长期以来，企业的盈利模式都是建立在规模经济的基础上：单品卖出的数量越多，获得的利润越高。而通过广告宣传其价值主张以提高品牌知名度是最重要的手段，这在用户主要关注品牌的功能价值的环境下较为奏效。但当用户越来越关注品牌的情感价值尤其是自我实现价值时，自然会对所选品牌提出更高要求，并愿意为中意品牌付出更多成本。以苹果手机为例，其售价比其他品牌手机高，但用户愿意花高价购买并表现出很高的忠诚度，部分原因是消费者的情感偏向，甚至将使用苹果手机作为宣示其身份和地位的手段。当用户对品牌的依赖度较高时，表明他对品牌价值的认可达到一定程度，在价值观念上趋同。当忠诚的用户愿意反复购买同一产品时，就存在这种可能性：购买同一品牌的不同产品。而当企业能够为用户提供更多类型产品时，企业的盈利模式就可能向范围经济转化：围绕同一个用户赚取更多利润，提高 ARPU 值，因为这些利润源于品牌的多种产品。如果企业能够让用户真正了解其品牌价值，让用户感觉到参与品牌构建的价值，认识到自己所钟爱的是充分信任并广泛接纳用户的"格式塔"品牌，企业就可以进入更高层次的品牌建设阶段：构建品牌

价值共同体。

所谓品牌价值共同体，就是基于相同或相近的品牌价值观念的相关主体组成的非组织化的利益联盟，价值主体之间以品牌为核心建立互惠关系。在这一共同体中，企业是构建生态的主体，用户是生态的核心，与产品生产相关的组织为生态系统的构建提供技术、服务等各方面支持。

以小米公司为例，在智能手机产品得到市场的认可并与粉丝用户建立相对稳定的关系后，逐渐向满足用户数字生活多方面需求的产品拓展，目前重点开发的产品是智能电视和路由器，以实现小米公司"连接一切"的企业愿景。按照公司董事长雷军的说法，"手机是连接一切的中心，是未来大家的计算中心。电视是手机的显示器，路由器是智能家居的数据管理中心。这三件产品基本已经能将人们工作、生活需求都连接起来。"[1] 基于"为发烧而生"的品牌理念和追求极致的产品观念，相关产品逐渐赢得了粉丝的认可。该公司将围绕用户的需求，通过投资的方式，扶植大批企业按照同样的模式制造更多智能产品，构建以小米品牌为核心的品类齐全的价值共同体。说到底，小米公司希望与利益相关方基于共同的价值观念，以完整的品牌生态链与用户结成稳固的服务品牌社群，将用户变成高度认可小米品牌的粉丝，千方百计调动用户的参与感来提高品牌的整体竞争力。

同样将用户作为品牌核心要素的还有海尔公司，海尔电器通过网上网下两个渠道为用户参与提升品牌价值提供便利条件。

---

[1] 李亚婷：《雷军：连接一切》，《中国企业家》2014 年第 23 期

"海尔网上有一个交互平台，线下有三万多个实体店，它们可以和用户实现很好的交互体验。反向来看，用户还可以参与整个方案定制，根据住家的房型，根据需求定制产品和方案。这样就形成了一个从交互、交易到交付环节全流程的价值交互平台。"① 当用户有机会表达自己的价值需求并能获得全面的满足，必然会提高对品牌的依赖程度，提高重复使用该品牌产品的机会，从而增强价值共同体的实力。实力的大小往往与接纳用户参与的程度成正比。当一个品牌成功获得了作为"格式塔"品牌的价值标签后，就有可能赢得更大范围的认可。

以海尔为例，在 2014 年 6 月苹果公司发布的全新 HomeKit 智能家庭平台接入家电品牌名单中，近 70 万用户参与意见、以"风洞式前瞻设计"等独特功能解决"空调病"困扰的天樽空调成为唯一一家中国家电产品品牌。② 而能被整合进入苹果商店（Apple Store）成为亿万手机用户打造智能家庭的备选品牌，有助于将有类似价值诉求的用户连接起来，无疑会进一步增强价值共同体的实力，获得更大发展空间。

总之，在当今这个消费者主权时代，用户有足够丰富的渠道表达对意向品牌的价值诉求，有更多样化的选择空间，真正有竞争力的品牌应该致力于打造基于相同或相近价值观的"格式塔"品牌生态，努力构建让用户和其他利益相关方充分参与其中的价值共同体，建立消除隔阂感从而与用户有效沟通的品牌"巴别塔"，这样的品牌才会开拓出更为广阔的市场空间。

---

① 胡泳、郝亚洲：《张瑞敏思考实录》，机械工业出版社 2014 年版，第 207 页
② 胡泳、郝亚洲：《张瑞敏思考实录》，机械工业出版社 2014 年版，第 107 页

第三章

嵌入式连接

品牌保持竞争优势的法宝就是要做到无所不在的连接，千方百计嵌入用户的数字生活空间和用户活跃于其间的品牌社群，使其成为用户数字生活的必要元素，满足并创造用户按需连接的要求，在贴身服务过程中让用户认可品牌的价值观，强化品牌与用户之间的情感关联。

一、嵌入：网络社会品牌生存的基本规则

1. "嵌入"概念

"嵌入"在一般意义上是指固体甲通过强力手段进入固体乙的过程和结果，甲进入乙被称为嵌入。在计算机领域，"嵌入"是指某一程序与某系统适配并成功运行。品牌作为经济运作的基本单位，如能以某种方式进入作为消费端的用户生活空间中并持久地与用户发生关联，则被视为"嵌入"状态。在品牌运作层面上，"嵌入"是指在由媒介构成的网络化经济结构和社会结构中，品牌拥有者以某种易于接受的方式进入到品牌用户或潜在用户的生活空间，并以有效机制维系与用户之间关系的状态。

在互联网出现之前，品牌只是通过产品、标识或大众媒体宣传等方式与消费者发生关联，是外在于消费者的生活空间的。而各种数字媒介的出现，能够让品牌借助各种软件进入用户的数字媒介终端，通过多种形式与用户发生实际关联，只要用户需要，都能随时与品牌产生互动，进入品牌的各类数字空间中，进行各种层次的互动。借助每一个作为数字媒介节点的在线用户的主动传播和人际沟通行为，数字品牌可以有效地进行节点传播。借助数字媒介所特有的能够吸引用户嵌入其中的互动界面，品牌在日常运营中可以实现与用户的双向互嵌，让品牌与用户之间你中有我、我中有你，这才是数字品牌的独特生存形态。正是数字媒介提供的便于品牌与用户实现嵌入式连接的丰富接口，为数字品牌运营提供了无比广阔的空间。

2. "嵌入"成为服务主导逻辑下经济实体的基本存在形态

"嵌入"意味着品牌方作为满足用户需求的服务提供商，应始终以侍服的姿态对待消费者，这与前数字时代品牌只作为商品售卖商的角色定位存在本质性的区别。在商品主导逻辑向服务主导逻辑的趋势性转变的时代背景下，如何通过常规化、日常化和贴近性的服务赢得消费者的青睐，是品牌必须应对的新课题。

表一：从产品营销导向到服务营销导向对比①

产品和品牌营销导向	⟹	服务营销导向
周期性的计划营销	⟹	日常传播管理和随时的快速反应
专业人士研发	⟹	生活者协同共创
规模化的生产	⟹	批量化、个性化的定制
单向传播	⟹	直接互动
由第三方媒体和公司执行	⟹	企业主导和执行，第三方媒体和公司配合
线下渠道终端销售	⟹	利用物流超时空的直销

　　这一判断是建立在商业发展和品牌进化的趋势性判断的基础上。"服务主导逻辑下服务是一切经济交换的根本性基础，所有经济都是服务经济……服务主导逻辑下顾客不再是价值的毁灭者，企业和顾客共同创造价值。"② 今天的用户面对的是众多提供类似功能的产品或服务，品牌处于过剩阶段，要想获得用户的选择和持续消费，必须想方设法找到能够为用户提供"贴身服务"的方式，而借助数字软件嵌入用户的数字生活空间无疑是品牌服务用户的有效方式。

　　同时，从"价值共创"这一趋势来看，如何让用户嵌入品牌的数字空间，从而为品牌价值的提升发挥作用，尤其是要将品牌用户发展成为可持续参与品牌建设的社群成员，则需要为用户提供方便的沟通渠道，开发嵌入通道势在必行。

---

① 刘林青等：《从商品主导逻辑到服务主导逻辑——以苹果公司为例》，《中国工业经济》，2010 年第 9 期
② 刘林青等：《从商品主导逻辑到服务主导逻辑——以苹果公司为例》，《中国工业经济》，2010 年第 9 期

3. 数字品牌的嵌入方式

品牌如何能够嵌入数字空间并进而实现与用户的互相嵌入？德国新政治经济学学者格兰诺维特（Granovetter）的观点值得借鉴。他在分析经济体运作时提出了两个概念：关系性嵌入（relational embeddedness）与结构性嵌入（structural embeddedness）。所谓关系性嵌入是指单个行动者的经济行动是嵌入于他与他人互动所形成的关系网络之中，当下的人际关系网络（ongoing interperson relationship）中的某些因素，如各种规则性的期望、对相互赞同的渴求、互惠性原则都会对行为者的经济决策与行动产生重要的影响。与此同时，行为者所在的网络又是与其他社会网络相联系的，并构成了整个社会的网络结构。因此，在更宏观的意义上讲，行动者及其所在的网络是嵌入于由其构成的社会结构之中，并受到来自于社会结构的文化、价值因素的影响和决定。格兰诺维特认为，正是这两种嵌入性网络，使得经济行为者之间产生了信任与互动，限制了机会主义行为，保证了交易的顺畅进行。学者林竞军认为，他对嵌入性的关系性与结构性划分，使得嵌入性可以方便地应用于对个体行动及集体行动的分析，大大提高了这一概念的应用能力与解释力。① 这两种嵌入方式依然适用于在经济社会中吸引用户持续消费的数字品牌，各自具备不同的特点和作用方式。

（1）关系性嵌入。利用用户之间借助各种数字应用程序建立起来的在线关系，强化品牌与用户之间的关联，让品牌顺利进入

---

① 林竞君：《网络、嵌入性与集群生命周期研究——一个新经济社会学的视角》复旦大学经济学院 2005 年博士论文，第 70 页

有相似需求的用户生活空间中，这就是关系性嵌入。无论是强关系还是弱关系，都可能成为品牌关系性嵌入的纽带。比如，2010年前后红极一时的开心网、校内网等，就是利用用户之间的强关系调动起他们参与互相"偷菜"、"占车位"等游戏，用黏性带动了这类社交网站的活跃度。许多品牌如蒙牛等将品牌 Logo 嵌入游戏场景，只要在线好友有一个人推荐玩这款游戏，其他用户就会一起玩，品牌自然会嵌入更多用户的休闲娱乐空间，对用户产生潜移默化的影响。

Nike＋作为耐克品牌旗下一款面向年轻人群的运动品牌，就是利用运动状态显示软件，让原来只限于个体使用的运动产品，通过占领"封面"（成为跑步成绩最高者）规则调动更多用户的运动热情，体育爱好者为争取更好的名次而大大增加了消费 Nike＋品牌产品的机会。他们会主动安装软件，进入 Nike＋品牌社群，品牌成功实现了关系性嵌入，持续影响社群成员并吸引新成员的加入。成员借软件而嵌入了品牌社群的空间，并随着在数字空间中时间的延长和参与活动的深入而越嵌越深。此种"互嵌"的态势表明二者之间已经建立起紧密的关系，用户如中断和社群中其他用户的联系而转向其他同类品牌，则要付出较高的关系重建成本。

（2）结构性嵌入。品牌根据商业发展的整体布局需要而嵌入达到一定规模的数字平台，而该平台的品牌能补足品牌的结构性缺失，尤其是在实现与那些已进入平台的用户之间的顺畅连接上，这就是品牌的结构性嵌入。数字化生存成为今天每个现代人的基本生存状态，而支撑我们很好地实现数字化生存的是一个个能够聚合利益相关方并有一定盈利能力的平台型数字产品，比如淘宝等电子商务网站，微博、微信等拥有数以亿计用户规模的社会化媒体等，曾经或正在得到用户的普遍认可。"没有围脖（微博）都不好意思跟人家打招呼"曾作为微博发展巅峰阶段的流行语，说明注册微博账号并发布微博信息成为一种时尚。正是看到了微博在社会信息传播系统中的结构性价值，小米手机在面世后迅速在微博上发力，将微博的大众传播和人际传播优势发挥到极致，很好地实现了营销、沟通及在线支付的目的，为该品牌的高速发展提供了无可替代的便利条件。而微信在功能设计上的社群属性优势更为明显，对"圈子化"功能的强化进一步降低了使用门槛，注册用户超过十亿，品牌通过公众号能够迅速获得用户的关注和支持。这类平台对于那些希望有机嵌入用户生活圈的品牌在运营上因具有结构性价值而不可或缺，今天已经成为几乎所有品牌的"标配"。在这一平台上，诸多第三方软件如支付、金融、购物、出行等服务提供商的广泛加入，让品牌和用户之间的互嵌变得更加紧密，更为顺畅，品牌从中得到了更大的益处。

随着各类数字媒介和各种数字产品的不断推陈出新，数字品牌的生存规则与前数字时代相比发生了巨大的变化，嵌入用户的数字空间甚至利用相关软件程序和产品与用户"互嵌"，已经成为网络社会品牌生存的基本规则。

二、连接：以价值观为纽带建立并强化关联

1. 品牌的本质在于基于用户需求的价值连接

品牌建设依托于各种媒介形式，对于品牌本质的认知必须随媒介的发展及其提供的可能性不断深化，否则难以把握品牌的发展方向。

连接是一切媒介的本质，"连接是指不同主体（包括个人、机构、系统平台）之间一种相对稳定、持续的联系"①。任何媒介都是连接信息传播者和信息接受者的通道，这一观点隐含在传播学奠基人施拉姆为"媒介"所下的经典定义中，他说："媒介就是插入传播过程之中，用以扩大并延伸信息传送的工具。"人类发明的各种媒介之间的差别，除了表现在介质形式上外，更表现为信息传播效率和效果上的不同。彭兰教授基于"互联网的本质是连接"的判断，对不同发展阶段的互联网做了考察：前 Web 时代是终端的连接，构成广泛互联的终端网络；Web1.0 时代是内容的连接，超链接技术驱动网络媒体的兴起；Web2.0 时代是个体的连接，在社会化媒体的帮助下形成了一个个以用户为中心的关系网络。② 从技术提供的可能性看，"连接"把握住了网络媒介的本质，但不够准确，因为"连接"是所有媒介都具备的基本功能。传统媒介和数字媒介的根本区别在于界面形式的变化，即互联网（及其他数字媒介）拥有的是数字互动界面，它允许用户实时反馈并主动查找、浏览想要的内容，用户占据了信息传播的主动权，决定着传播者的传播行为是否发生效力。说到底，互联网是为有信息需求的用户提供信息选择和使用的通道，为传播者和受传者提供有效连接的桥梁。无论是早期的门户网站、电子邮

---

① 梁海宏：《连接时代：未来网络化商业模式解密》，清华大学出版社 2014 年版，第 7 页

② 彭兰：《"连接"的演进——互联网进化的基本逻辑》，《国际新闻界》2013 年第 12 期

箱、搜索引擎、即时通信工具，还是近年来兴起的微博、微信等产品，都是为具有信息消费能力的用户按其需求提供与信息或其他用户有效连接的通道，发挥其互动性和能动性，能够以最佳路径和最短时间与需求目标连接起来。因此，"按需连接"才是关于互联网本质的更确切的表述。

我们今天所处的阶段，是处于从温饱阶段向生活质量不断提升阶段的用户对品牌有了更高追求的阶段，用户希望能够随时获得与品牌相关的信息，并日益个性化地使用品牌，甚至希望品牌能够为用户提供满足不同层次需求的解决方案。这就意味着品牌不但要主动与用户建立连接通道，而且要提高连接的有效性。

相比于传统媒介，数字媒介不但能将品牌传播的内容始终保留在数字空间（除非主动下线），这样用户就可以随时找到与品牌相关的内容，还能以各种自营媒介如官方网站、微博、微信等品牌大本营持续吸引并沉淀对品牌有好感的消费者，开启消费者的无障碍联系通道。多样化的便利渠道不但能在空间上为品牌传播提供更多的消费者接触点，而且在时间上提供不间断的连接机会。在消费者更依赖数字媒介并因此拥有更大话语权的时代，在解决品牌与消费者有效连接的问题上，数字媒介无疑拥有更高的效率和更好的效果。

随着数字媒介的发展和品牌传播实践的深化，有效连接对于解决品牌传播问题的重要性逐渐得到了业界的广泛认可，在这方面 DCCI 创始人胡延平的观点很有代表性。面对碎片化背景下的互联网广告怎么做的问题，他的观点是："褪去媒体外衣，丢掉广告框架，回归到人与网络，回归到高度分散环境下怎样建立品牌和消费者之间的连接性问题……碎片化背景下的营销基础应该是建立品牌与人之间的有效连接性……大型 4A 公司都只是在做尝试，还没有根本的布局，于是也就不可能在开放、实时的环境下建立与消费者之间的有效连接，至于你对他们的感知和互动，更是无从谈起。"① 提供品牌传播平台的网络媒体也将服务理念转向提高连接的质量和能力上来，比如产品线丰富且用户黏性较高的腾讯网，已经明确提出向基于相关产品做好品牌与消费者连接枢纽的角色转型："腾讯正创造一种全新的数字化商业模式，腾讯视频、微信、滴滴打车、大众点评等互联网应用与服务正在不断改变着消费者生活习惯，这种新的生活习惯和商业模式的建立，推动腾讯以更立体化，更具未来感、时尚感和体验感的方式帮助品牌企业与消费者互动，建立一种全新的品牌与消费者连接方式。这种连接不仅涵盖了品牌讯息到达、品牌体验塑造，甚至是更温馨的客户服务传递，以及更直接的消费购头转化。"②

由此可见，借助数字媒介实现品牌与用户之间的有效连接逐渐成为共识，用户主动与心仪品牌进行接触，这种反向连接的方式对品牌管理提出了挑战：如何在连接效率和连接效果上同步提高。

连接效率表现为品牌对用户连接需求的即时满足。无论用户想了解品牌哪方面的内容，数字品牌都能提供相关信息：既有企业主动传播的内容，又有其他用户围绕品牌生成的相关内容。这

---

① 胡延平：《打造真正的消费者连接性》，《广告人》2011 年第 10 期
② 编辑部：《连接时代：腾讯构建数字化营销生态》，《声屏世界·广告人》
2014 年第 7 期

些内容就像液体一样，能够根据每一个用户的不同需求，注入用户的认知池中，群邑集团称这类内容为"液态内容"，即"根据不同渠道和媒体的格式，随时调整推广方式，每个内容版本都可以应对一个不同的任务，并且具备足够的吸引力供消费者互相传递。"① 这种无时无处不在的内容能够实时对接用户的需求，大大提高了连接的效率。同时，由于品牌在有同样需求的用户之间起到了"连接器"的作用，用户之间可能建立起品牌社群或准社群，相互之间提供有助于认知品牌的信息，协调解决共性问题，这种自协作、自组织形式加快了品牌信息的流动和积累，有助于提高用户的满意度。比如，小米手机就通过品牌社区的形式鼓励用户发言并自行建立问答模块，汇总共性问题由社区成员做出解答，反而提高了解决问题的效率。

连接效果表现为两方面：一是为用户解决信息需求的问题，帮助用户尽快做出判断和决策，为品牌赢得用户增加砝码；二是对用户个体和群体反馈的有效甄别，为企业调整或完善品牌传播的相关环节提供有价值的参考。品牌要获得用户的青睐，就要千方百计强化品牌给用户带来的利益，包括功能利益、情感利益和自我表达利益。功能利益往往是同一品类品牌都具备的利益，而情感利益和自我表达利益则因品牌而异。"情感利益代表消费者在购买或使用品牌时期待获得的内在'精神回馈'，不仅来自良好的品牌体验，更来自品牌讲述的引人入胜的故事……自我表达利益则是消费者在别人看到自己穿戴或使用品牌时的体验。消费

---

① 李倩玲等：《转向：无界限传播你做主——群邑论后大众传播时代制胜的营销策略》，中信出版社 2011 年版，第 84 页

者会追逐那些他们认为代表自己向往的个性、地位或生活方式的品牌，以此向世界宣告自己属于某一类人或某个群体。"① 这两种利益对于用户来说很难通过常规途径获得，但通过数字媒介提供的有效连接，用户不但能够获得更多利益，而且会让企业受益。以品牌故事为例，这种诉诸用户情感的品牌传播方式通常通过品牌典故、企业及其创始人的成长经历、突显品牌精神的焦点事件及消费者品牌体验等几个方面来建立与消费者之间的情感纽带②，以期产生情感共鸣，而这些方式很适合通过数字媒介建立的连接渠道进行传播，因为网络化传播所固有的筛选和过滤机制最大程度降低了不实信息传播的可能性，这要比传统的通过公关稿单向传播的内容更为可信。而那些有关用户品牌体验的内容，一旦与其他用户产生共鸣，有助于提升品牌认可度及忠诚度。

　　数字品牌没有终极的存在形态，它是在传播过程中逐渐丰富和发展起来的。无论是企业主动传播的计划内信息，还是来自于数字空间中包括用户在内的不同主体围绕品牌生成的计划外信息（包括自主生成的信息和对企业计划内信息的转发、评价信息），他们都是数字空间中的用户重构品牌形象的信息来源。对于那些善于汲取外部有价值信息以塑造更适合用户期待的企业而言，合理的计划外信息是调整和完善品牌建设方向的重要依据，在下一轮品牌传播中，对品牌的功能利益、情感利益或自我表达利益的传递将会在不同层面体现出来，进入用户的认知领域。无论是内

---

① ［美］唐·舒尔茨：《SIVA 范式：搜索引擎触发的营销革命》，中信出版社2014 年版，第 98 - 99 页

② 徐安琪、赵婧：《浅析当今品牌的故事营销》，《商业文化（下半月）》2011年第 11 期

化到计划内信息中的用户间接反馈信息，还是数字空间中广泛散布在各个角落的用户直接反馈信息，这些彼此渗透、相互作用的信息共同构建了品牌形象。而掌握了数字品牌营销规则的企业，则可以通过品牌激励①让用户主动贡献力量，帮助品牌实现更大范围、更深影响的传播。尤其是借助微博、微信等社会化媒介，每一个用户都是加速品牌信息传播速度、延伸品牌信息传播链条的有效节点，为品牌传播节省成本。

由此可见，品牌与用户借助数字媒介建立起的连接渠道，不但大大增加了品牌的透明度，同时由于互动界面建立起来的协商机制，增加了用户反馈信息、融入品牌建设链条的机会，改变了品牌传播的生态和规则。数字品牌既不完全属于企业，也不完全由用户说了算，而是双方基于共同利益协同构建的动态品牌形态。认识到品牌在数字空间运作的基本规则并加以利用，品牌才可能脱颖而出，持续累积品牌资产，不断提升品牌竞争力。

三、嵌入式连接：有效增进品牌关系

1. 嵌入式连接

（1）概念界定

当各种品牌理论上都有便捷的数字渠道与用户进行连接，有竞争力的品牌需要进一步提高连接的黏性和频次，使其得以稳固地入驻用户的生活空间，努力让自己难以被用户割舍，不给用户

---

① 品牌激励是指为在特定时间发生特定行为的消费者提供奖励，是为了让消费者采取行动，特别是在营销组织规定的一段时间内采取行动。参见《SI-VA范式：搜索引擎触发的营销革命》，［美］舒尔茨著，中信出版社 2014年版，第106页

抛弃的借口，这就需要实现嵌入式连接。

所谓嵌入式连接，是指品牌方借助便于嵌入用户生活空间的设备或软件程序，随时满足用户发起的按需连接的需求，最大程度缩小与用户间的距离，使品牌成为用户随需使用和消费的服务助手。以往的品牌更多地体现为功能性价值，品牌之间的差异很小。随着用户对品牌的情感性价值和自我实现价值有更多要求后，以往物化的品牌慢慢将注入类似于人的性格因子，而变成了拟人化的品牌，能够让用户感觉到个性和温度。

品牌与用户之间实现嵌入式连接，首要条件是用户具备接纳品牌相关要素的接口，各种数字终端设备尤其是智能终端设备，为品牌嵌入用户数字生活空间提供了必要条件。嵌入强调的是品牌要素或品牌载体进入用户固定的数字生活入口或通道，只要用户使用联网的数字设备，就能便利地与品牌建立关联，使用数字品牌提供的产品或服务。品牌官网是为用户提供接入品牌的比较初级的渠道，相比于 Web2.0 产品，这种形式需要用户每次都要做搜索或键入网址的工作，且信息比较庞杂，这些阻碍用户便捷进入的门槛，注定了官网无法成为嵌入用户空间的有效途径。而微博、微信、APP、微信小程序等产品或程序，能够做到用户下载安装或注册登录后，品牌会随时随地出现在用户面前，用户与品牌之间只有一次点击的距离。只要品牌所提供的服务能不断更新和升级，满足用户不断增长的需求，用户就会对品牌产生信任和依赖，提高与品牌连接的频次和深度，让品牌成为用户生活中不可或缺的有机组成部分，用户就会对品牌产生依赖，这样的品牌就是不可替代的。

以烤箱类品牌为例，海尔集团旗下的子品牌——焙多芬烤箱，就以互联共享的思维让烤箱不只是在烘焙食物时才与用户发生关联。单从品牌的功能性价值上看，焙多芬品牌与其他品牌的烤箱基本上没有什么区别，真正的区别是附属功能的增加为品牌带来的情感性价值，这项功能就是用户在手机上安装 APP 后，不但可以用手机来遥控烤箱，还可以加入品牌设立的微信群"烤圈"，将自己烘焙的得意作品上传到群里供他人借鉴，或在这个群里寻找别人提供的烘焙秘籍供自己使用。正是有了上述独特的功能，这个社群逐渐变成了"吃货"联盟，加入其中的用户能得到不同程度的满足，自然会对这个圈子产生依赖，对品牌增加好感。根据用户在"烤圈"里上传、下载的食谱及用户在圈子里讨论的内容，品牌运营方能够全面了解用户对产品和食材的关注重点，不但有利于针对用户真实反馈提高烤箱产品的质量，增强用户的好感，还可以根据用户对食材的需求提供电商服务。比如，用户在看到中意食谱后想尝试加工时，品牌方或合作企业就能以最快速度为用户提供配送上门服务，无缝对接用户的需求，给用户最大的满足。如此周到、全面的服务无疑会大大提高用户对品牌的依赖程度，实现品牌的深度嵌入。

随着用户可选择空间的日益扩大，品牌更迭的速度有加快的趋势。如果品牌能做到深层次嵌入，就会让用户产生情感依赖，提高品牌迁移的成本，延长品牌与用户之间的连接时间，甚至会让其成为品牌的终身用户。从品牌的长远发展看，这将成为数字时代品牌建设的必然选择。

（2）从"人的延伸"角度理解"嵌入式连接"

"媒介是人的延伸"，这是世界级传播学者马歇尔·麦克卢汉的媒介观，对于我们理解媒介进化方向和依托媒介建立品牌与人之间的关系提供了全新的视角。在麦克卢汉的经典论述语境中，"媒介"并不只是作为信息传播中介的物质载体，而是人类用以增强自身能力的各种技术发明。麦克卢汉认为，电子时代之前人类的发明创造是对人的身体器官和感知模式的延伸，还只是局部的延伸。比如，为克服距离阻碍、提高人类出行速度而发明的自行车、汽车、火车、飞机等。到了电子时代，广播、电视的发明延伸的是人的中枢神经系统，人类借助这些瞬间可以实现高速度传播、大范围覆盖的技术全方位提高人类感知世界的能力。在他有生之年（麦克卢汉逝世于1980年12月31日）还只能接触到局域网的时代，居然能够预测到全球互联状态下网络世界的未来前景，他认为互联网能够实现人类意识的延伸，是更高阶段的媒介形式。从人类最初设计文本以链接方式跳转这一互联网信息传播方式来看，互联网确实是在模拟人类的思维方式。互联网发展到今天，大量数字终端设备和其他信息传输设备仿佛是人类世界这个庞大"地球脑"的众多神经元，为大脑搜集各种信息供大脑处理以做出理性的行为。而各种处理信息的数字终端，又是人类意识延伸的物质形式，电脑、平板电脑、手机等作为"人的延伸"的具体媒介形式，大大增强了人对外部世界的感知和应对能力。智能手机可以看作是人的中枢神经系统和意识的双重延伸，随着存储空间的日益增大和处理能力的日益强大，其"连接一切"并有效安排、调度、处理一切事务的潜能得到极大的开发，并因此成为用户高度依赖的工具，因此而成为最为成功的人类"体外器官"。从越来越智能化的数字设备因对人类身体机能的超长延伸而执行类人体器官的角度来认知媒介，更有助于把握依托数字媒介有效运作的品牌嵌入规则。

2. "内嵌于身体，外嵌于社群"的连接方式

如何才能有效实现品牌的嵌入式连接？从数字媒介的发展趋势和用户情感需求着眼，可以从两个方面齐头并进加以实现。

（1）内嵌于身体

"脑机接口"是近些年来专业人士持续讨论的前沿话题，这种技术是将芯片植入大脑皮层，通过人的意念来控制体外设备。这一技术先是在猴子身上实验获得成功：一只将控制灯开关芯片植入大脑的猴子不借助任何设备就可以自如地开灯关灯。后来这一技术用于肢体有残疾的人士，帮助他们用意识控制轮椅等设备。脑机接口技术能够在更大范围内应用于品牌与人类的连接上，尽管目前还不具备大规模推广的时机，但为更多基于这一技术原理嵌入人体内的产品提供了巨大的想象空间。近几年高科技产品尤其是基于互联网开发的新产品，确实是朝着离人体越来越近的方向发展。

传播学集大成学者施拉姆曾提出一个人类选择行为的公式：选择的或然率＝报偿的保证/费力的程度，即一条信息或一个物品被选择的可能性，与其提供给选择者的价值成正比，与获得被选择物要花费的成本成反比，这一规律具有广泛的适用性。具体到品牌来说，在同一个品类中，在满足用户需求的功能性价值基本相同的情况下，那些花费较少成本（货币、时间、经历或机会成本）的品牌更容易获得用户的选择；那些离身体越近的品牌，越有可能被用户优先使用。因此，品牌在物理空间上要尽量出现在用户"手之所及""目之所见"的范围内，显得格外重要。

可穿戴设备天然具备这样的优势，它们穿戴在用户身上，能够全天候为用户提供服务，比如谷歌眼镜（Google Glass）和苹果手表（iWatch），只要处于联网状态，就会随时完成"主人"的指令，成为用户的数字生活助理。尤其是 iWatch 这类高频使用的产品，据苹果公司介绍，针对运动方面，Apple Watch 专门推出了两款新应用——Fitness 和 Workout，用户在 Apple Watch 上设置运动类型和目标，手表会实时记录数据，用户会获得激励，在 iPhone 上也可以看到 Apple Watch 监测的数据。手表还可以记录心跳，利用 GPS 记录位置，测量热量消耗，是监控健身进度的有效工具。

在细分市场上，健康智能硬件生产厂商 Withings 公司生产的 Activite 智能手表也开始在这方面进行尝试。这款智能手表相比于传统手表多了健康监测功能，可以监测佩戴者的运动状态和睡眠状况等。在 Activite 智能手表表盘的右下方有一个小表盘，上面有从 0 到 100 的刻度，这个小表盘能够显示佩戴者每日的活动进度，记录用户当天的行走步数以及睡眠时间，并通过蓝牙将数据同步到 App 中。不仅如此，用户还可以通过 Withings Health Mate 制定当天的活动目标，通过小仪表盘显示当天的活动进度。①

与此类似的应用还有智能手链或手环，通过手机 APP 显示用户的健身运动数据，管理用户的健康活动。对于在意运动健康的

---

① 王玉华：《颠覆与重构：移动互联网时代成功的七种商业模式》，人民邮电出版社 2015 年版，第 30 页

用户来说，智能手链就是高使用频率的产品，用户不但关心的是个人的健身数据，比如每天走路或跑步的数量和距离，更关心使用同类产品的好友的健身数据。很多用户会为了在好友列表中占据靠前位置，会不断突破自己的运动记录，挑战自己的身体极限。一旦发现自己名列前茅甚至成功占领封面（位列第一），会特别有成就感，并愿意在朋友圈里晒自己的好成绩。据说有人为了获得好的排名，将手环绑在宠物狗身上增加步数和里程，一时成为笑谈。

这样的芯片不仅可以安装在手链里，还能安装在运动服饰上，比如运动鞋。"Nike +"跑鞋是耐克品牌推出的一款跑步用鞋，通过无线 Nike + iPod 运动组件与 iPod 实现信息互通，将 Nike + 运动鞋与 iPod 连接后，iPod 就可以存储并显示运动日期、时间、距离、热量消耗值、总运动次数、运动时长、总距离和总卡路里等数据。进入 Nike + Run Club 后，还可以与其他用户进行交流，在速度、耐力、强度等方面进行较量，增加运动的趣味性。Adidas originals 也以类似思路打造不一样的运动鞋品牌，让运动不只是一个人踽踽独行，而是与监控身体状态、浏览朋友圈的运动成绩联系在一起，这样的运营思路，为两个老牌运动品牌打开了一片新天地。

无论是智能手表、智能手链还是具有类似功能的其他智能产品，核心技术都是体感技术，让植入设备中的芯片能够准确捕捉并记录用户的各项生理指标，这类产品相当于间接嵌入用户身体，以此来保证与用户一定频次的连接，让用户产生依赖感。市场上这类基于体感技术的智能产品还有其他品牌，国内也有企业进入这一领域，相信这类可穿戴产品会逐渐得到普及。

在今天的消费市场上，大量产品都无法像上述智能硬件一样因用户高频使用而有机会与用户零距离接触，大都是借助智能软件进入用户延伸的器官——智能手机或其他智能数字终端中。只要用户选择了品牌 APP 或关注了品牌的微博、微信公众号或其他能够随时与用户进行交互的在线程序，就能大大增加与用户无障碍连接的机会，品牌无缝对接用户的数字生活空间，就等于嵌入了用户的身体，这是品牌实现嵌入式连接的必要选择，也是赢得用户认可和用户忠诚的前提条件。

（2）外嵌入社群

品牌借助各种数字媒介与用户实现连接，这是提高品牌黏性的基本方式，但并不是唯一方式。事实上，那些与品牌连接的用户之间通过各种媒介可以扩大品牌连接的范围，增加品牌的黏性，这是品牌更应该重视的方面。用户关注了品牌的博客、微博、微信、APP 等，表明用户对品牌有一定的兴趣或好感，便于用户围绕品牌参与相关活动，进而调动用户以品牌为中心，形成以品牌价值观为核心的品牌社群。这不但可以随时获得用户对品牌的信息反馈，更可以借助社群不断丰富和完善社群，调动用户的积极性和创造性，推出更多更有意义的活动，以此来增强用户之间的黏性，倚靠用户对品牌、用户与用户之间的情感纽带增强品牌的吸引力和凝聚力，为品牌围绕用户进行更深层次的开发和利用奠定基础。

知名财经作家吴晓波凭借二十多年写专栏文章和著书立说的能力，积累了大量的读者，在转战网络渠道以微信公众号"吴晓波频道"与读者建立更为直接的连接关系。"吴晓波频道"品牌用近两年时间通过视频节目和线下活动，积聚起近二百万粉丝，由粉丝自发组成吴晓波粉丝群，建立以关键要素——吴晓波为核心的品牌社群。为进一步强化品牌核心价值观，吴晓波用一篇《反对屌丝经济》的文章开始"清洗"自己的社群以提高品牌社群的"成色"。在他看来，要想提高社群的凝聚力，带领社群走得更远，必须旗帜鲜明地亮出品牌的价值标签，凸显其服务于正在崛起的中产阶级知识社群的特色。他用四条标准明确标签的价值内涵：第一，认可商业之美；第二，崇尚自我奋斗，相信民主、自由和市场的力量；第三，乐意奉献、共享；第四，"反对屌丝经济"，反对那些甘愿在社会的下层和边缘并以此反对主流财富群体的人。这一在品牌社群发展史上具有导向标意义的宣言一出，立刻引发一场"地震"，许多不认可价值观的粉丝如吴晓波预料的那样离开社群，与此同时，那些认可品牌价值观的人纷纷加入，总体上品牌粉丝数量呈稳步上涨态势。

在聚集了足够数量的粉丝后，"吴晓波频道"以每周一期的视、音频节目和专栏文章以及其他相关内容嵌入社群，为那些在投资理财和企业转型方面有需求的用户提供专业解读观点或服务，成为用户精神生活的一部分。用户的困惑可以向品牌求教，有代表性的问题会在每期节目的最后加以解答；用户对视、音频节目的评价会及时校准内容选题的方向；用户关注的热点问题会成为品牌内容策划和制作的重要参照，让吴晓波在制作节目和写作相关文章时有更为清晰的对象感，而这是他在创办数字品牌之前埋头写作时颇为困扰的问题——不知道自己的读者是谁以及读者对他提供的专业观点的真实反馈。有了社群和社群自组织形成的各种小社群后，吴晓波的可行性建议能够迅速得到回应并落地实施，如2015年完成的让图书进入咖啡馆的"改造100个咖啡馆"计划和《我的诗篇》进入影院渠道播出的公益众筹行动等。品牌和用户之间的紧密合作和深度互动，让品牌的价值观不断清晰，并增强了品牌社群的黏性。

同样，当一个社群有足够的凝聚力并以明晰的价值观聚集起趣味相投的用户后，用户之间的互动有利于品牌深度嵌入社群之中，增强品牌的竞争力。"吴晓波频道"用户在各地都有自己的粉丝群，粉丝群内部和粉丝群之间会策划各种活动以增进用户之间的关系。比如各地粉丝群组织的读书会活动，与"吴晓波频道"的品牌调性有非常高的吻合度。粉丝群所做的社群活动越丰富，越会让用户产生依赖感，从而提高了用户的退出成本，有利于增加品牌社群用户的留存率。吴晓波参加各地的书友会活动，或依托各地粉丝群开展的落地活动，往往会有较好的效果，显示出品牌深度嵌入社群所能激发的活力和潜能。

总之，数字品牌在增进品牌关系上的灵活性，有利于品牌更好地了解用户的需求，并以用户愿意接受的方式嵌入用户的数字生活空间及其社群，这种无障碍连接的状态，越来越会成为品牌存在的常态。品牌与用户之间"一对多"甚至"一对一"的沟通，才能真正了解用户的真实需求，从而为用户提供精确化的产品或服务。嵌入式连接不仅需要品牌放低姿态，更需要品牌付出耐心和智慧，这样才有可能在日益分化和小众化的品牌世界中占有一席之地。

第四章

轻资产运作

数字品牌以"轻"取胜，借助互联网提供的便利条件，便捷调用各种外部资源灵活使用以降低运营成本。同时注重建立与用户之间的"重关系"，将用户作为维系品牌运作的有效资本，把用户经营成为"黏资产"，调动用户参与品牌运作的各个环节，持续满足用户需求，提升品牌竞争力。无论产品依托的后台系统有多复杂，提供给用户的品牌界面都要足够轻便，这样才能优化用户的体验，赢得用户的好感，提高用户的品牌忠诚度。

一、轻资产界定

根据中国互联网行业"老兵"、阿里研究院院长高红冰在中国人民大学 HR 论坛上发表演讲援引的数据，今天全球价值最高的五个品牌，全部是以信息技术为主导的企业，包括苹果、谷歌、脸谱、微软。这些企业运营业务的共同特点是，它们的核心产品都是建基于"比特"之上。这类企业在二十年前甚至是十年前还处于劣势，但今天却在与非信息技术主导的企业在竞争中呈现出一骑绝尘的压倒性优势，不能不让人探究这一现象背后的深层原因。

当 2005 年硅谷资深媒体人克里斯·安德森提出"长尾理论"时，人们开始意识到打开新世界的钥匙开始掌握在越来越多人的手里。品类众多但单品销售规模没有优势的"长尾"商品为何能够和少数大热门的"短头"商品并驾齐驱甚至在总体上超越后者，安德森用可在网上销售的数字单曲对比做出浅显易懂的解释：一是打破时间和空间限制的海量用户需求，用户可以根据自己的喜好随时随地找到想要的资源；二是这些数字单曲是以数字形式存储在成本几乎可以忽略不计的虚拟空间里，不占据传统上需要耗费大量成本的物理空间。而这种需要企业持续维护的仓储空间，对于传统企业而言是重要资产，在一定程度上决定着企业的运转水平和业务发展方向。这部分资产到了数字技术辅助品牌运作的新时代，会以什么形式运营呢？

小米公司是回答这一问题的最佳选手。中欧商学院教授李善友在认真考察了小米公司从创办到智能手机出货量位居中国市场第一名的过程后，提供了一个令人信服的答案，那就是：轻资产运作。一个没有任何手机产品生产经验且创始人团队缺乏相关技术积淀的企业，如何用四年时间实现年销售超过六千万部智能手机的奇迹？回答这个问题，用军事化术语描述就是——轻装上阵＋急行军。

小米公司在决定开发手机之前，已经通过社会化媒体聚集了数以万计的忠诚粉丝用户，在与粉丝无缝互动中不断优化手机功能，在手机产品生产出来之前就已获得数量可观的订单。反观小米手机制造的各个环节，MIUI 系统是基于安卓系统开发而来，所需资金由 DST 等投资商提供，主要零部件由高通负责加工，制造环节由在手机装配环节上最专业的富士康承担，营销上则借力微博由公司全员自己推动，销售环节由小米公司联合粉丝通过自营媒介直接完成电商销售，而不必通过自建销售渠道打通与用户接触的"最后一公里"。以小米公司为核心，各种资源为该品牌提供的资产形式可用示意图显示如下（见下图）：

（资料来源：李善友：《互联网世界观》，机械工业出版社 2015 年版，第 67 页）

苹果公司同样深谙此道。据日本媒体报道，iPhone6 中，摄像头由索尼供货，液晶面板由夏普供货，高频零部件由村田制作所或 TDK 公司供货，LED 背光模块由美蓓亚等日本企业供货，组装由富士康公司来完成。

按照常规的商业流程，上述的相关环节都要由公司使用大量的人力、资金逐步越过行业门槛才能启动整个商业流程，没有几年时间的积累是无法实现量产的，而这对于正处于最佳"风口"

位置的智能手机企业来说极有可能错过窗口期，要想实现超常规发展，必须找到最佳的资源合作方。以助力企业实现有效营销的微博营销为例，这一界面极为简洁、功能较为全面的媒介形式，以其直接触达用户的特质快速有效地实现大众传播和人际沟通，发挥出以小博大的营销奇效。相比于此前执行程序复杂、沟通介质厚重的其他媒介而言，这种"轻营销"的形式不仅性价比高，而且极为有效。而小米公司的其他经营环节，使用的都是类似的"巧"劲儿。如果从企业经营所依托的资产形式看，相关环节合理规避了常规运作的重资产形式，而是选择了有效调用相关资源"为我所用"的资产，开创了"轻资产运作"模式。

所谓"轻资产运作"，就是将产品设计、研发、销售、服务与品牌推广等与品牌经营相关的环节，通过某种互惠机制或利用有利资源、技术，将原本需由企业独自运作的资产形式由外在力量协助承担，从而集中优势资源提高品牌运作核心环节的竞争优势，实现品牌的超常规发展；或更多依赖不需企业硬性投入的无形资产，获得更大发展空间。这种超常规的表现，就是雷军总结小米品牌成功七字诀中的"快"：看到智能手机爆发期即将来临，调动一切有利因素迅速用低价手机开发这一市场，成为高性价比智能手机这一品类的领跑者角色。

中国社会经过三四十年商品经济大潮的洗礼，在支撑商业运作的基础设施和配套体制上已有很好的积累，推动商业运作的各个领域在专业化程度上已达到一定水准。尤其是近二十年来互联网基础设施的发展，为"连接一切"提供了各种可能。随着共享社会资源、众筹实现梦想的观念逐渐深入人心，投融资渠道的日渐畅通，各种用于商业运作的资源能够快速聚集并发生化合反应。近几年来，无论是填补某项空白高速成长的机构品牌，还是类似各类"网红"疯狂生长的个人品牌，纷纷以数字化资源作为运作的核心要素，在短时间内获得社会的认可。这种超越常规的发展进程，无不是携"轻资产运作"的优势实现针对传统品牌的"弯道超车"。说到底，当支撑商业运作的基本条件已达到一定水平，真正决定一个品牌能够发展到什么程度的关键要素，已经从以前需跨越行业基本门槛的"硬件"，变成准确判断什么是适合时代发展需要和用户需求的品牌，并能调动相关资源迅速满足市场的智力资源的"软件"，简而言之，是"软实力"对"硬实力"的超越。

二、"轻资产"得以实现的现实条件

轻资产之所以能够成为越来越多数字品牌超越常规发展采用的资产形式，是因为品牌运营倚重的界面形式能够让利益相关方方便地进入品牌运作流程，将适合品牌运作的各种软硬件如电脑优盘一样"插入"品牌运作系统，与品牌共同成长，同时获得属于自己的收益，实现如罗振宇所说的"优盘化生存"。这些利益相关方在与品牌实现有效连接后发挥各自的作用，通过规则结成利益共同体。在促成各种轻资产发挥效能的过程中，作为连接器的互联网能够将供给与需求越来越便捷地进行对接，无疑是最为重要的推动要素。

以这几年通过互联网实现医疗资源与病人建立直接连通渠道的在线医院或诊所为例，这一领域是从传统转型较为困难的行业，但如果能将核心环节处理好，尤其是为这一行业核心要素的医生设计出有效机制，在线诊疗的品牌也会走出一条新路。作为互联网微整形连锁诊所的新氧云诊所就是这样一个品牌。

新氧云诊所一举将三座大山给推翻了。首先说推广成本，新氧云诊所通过自有平台实现导流，可以将成本压缩到最低。其次，因为新氧云诊所只做微整形，不涉及手术，所以不需要太多太大的医疗设备，设备成本相应减少。此外，新氧云诊所面积只需要 150－200 平方米，而且因为有线上导流，诊所不需要开在繁华的商业地段，开到居住区即可，这又可以节省一大笔房租开支。通过核算，每个诊所运营成本一个月只要 10 万元人民币左右，成本大幅度降低，意味着价格具有绝对的竞争力。

开诊所当然少不了医生。新氧云诊所的医生资源将来自于其他公立医院的医生闲时"走穴"。目前 60% 以上的整形医生是在公立医院，但公立医院的业务并不饱和，医生资源经常会闲置，所以医生闲时"走穴"是非常普遍的现象。

新氧云诊所可以利用医生的业余时间，如周一至周四在公立医院上班，周五、周六、周日可以去云诊所，或者下班之后去，由用户在线预约，对用户和医生来说都很方便。金星通过测算，即便将医生走穴市价乘以 2，再将目前整形美容市价除以 2，新氧云诊所的利润仍是很可观的。①

在前互联网时代，由于资源需求方找到匹配的资源供给方需要花费很高的成本，自己配置资源供自己使用反而是相对合理的

---

① 胡皓：《互联网＋创业相对论》，电子工业出版社 2015 年版，第 87－88 页

方式。比如海尔集团，要将产品送到千家万户，自建配送系统对于维持庞大的白电帝国的优势地位就是优选方案，所以才有了遍及全国的几万家配送终端。而在配送公司如雨后春笋般出现的今天，物流配送环节完全可以委托给这些公司，而不必自建这一配送系统。今天的海尔集团为了让配送这部分的资产得以更好地运作，旗下的配送公司除了满足集团本身业务的需要外，还承接其他公司的配送业务，通过社会化配送的形式保证运力资源得到充分利用，分摊运营成本，获得额外收益。而今天数以百万计的淘品牌和小微品牌，在随时随地满足用户各种细分化的需求上，就是充分利用了渗透到城乡各个角落便捷的配送网络，让需求和供给之间以最快的速度对接，才带来电商的繁荣。今天的品牌所需的任何一项业务，都可以通过在线渠道获得丰富的资源，企业可以从中选择最适合自身需求的产品或者服务，将优势资源嫁接到品牌所需的相关环节，实现最大化和最优化利用。

在这方面，那些具有平台功能属性的大型互联网信息服务企业提供了良好的基础。比如，百度、阿里巴巴、腾讯（即公认的互联网三大巨头 BAT），它们以庞大的体量、广泛的业务和出色的技术，为企业提供市场运营所需的技术支持和推广资源，以云平台、云存储、云服务等对接企业的各种需求，进而为用户获取相关产品和服务提供有效的连接渠道。企业所需的资金、技术、产品、人才等，都能找到相关渠道与企业的需求对接，大大降低了企业运行的成本，尤其是那些直接提供用户所需服务的新兴企业。比如近两年出现的"众筹"形式，除了企业或个人通过朋友圈或自媒体渠道向看好某一项目的网友或朋友圈来筹集某一项目所需资金外，还可以到专业网站上面向广大网友进行众筹，比如京东网上的"众筹"频道。

"京东众筹"是最早提供众筹服务的专业网站，为那些有商业前景却缺少运营资金的企业或个人提供资金筹集的便捷渠道。那些经审核通过的项目或产品都可以在这里设定众筹的目标金额，用户根据协议在约定的时间获得收益。儿童空气净化器品牌"三个爸爸"，就充分利用了京东众筹的这一机制，在很短的时间内得到了广泛关注，成为空气净化器品类中知名度较高的数字品牌。众筹不仅仅是获得小额资金支持的社会化融资渠道，也是品牌进行推广的有效通道。那些参与众筹的用户为提高收益，必然会不遗余力地向自己认识的亲朋好友推荐，尤其是通过自己的朋友圈扩散品牌或产品信息，心甘情愿地扮演"信蜂"的作用。

（空气净化器品牌"三个爸爸"在京东众筹上的宣传页面）

对于品牌而言，要想在竞品众多的品类中脱颖而出，让用户能够方便地与其产生一定频度的连接关系，就需要为用户提供界面更为轻便的沟通方式，而不是为其提供网址或在搜索引擎上做搜索优化设置，尤其是在当下用户越来越多地使用移动设备的媒介环境下。如何为用户提供越来越"轻"的媒介形式，是品牌要不断更新解决方案的难题。在智能手机刚刚开始普及时，APP 这种只要用户安装理论上就能随时与用户进行连接的形式受到品牌的追捧，但由于用户注意力通常集中于常用的少量 APP 上，大量被安装到手机上的程序不可避免地遭遇被卸载的命运。根据中国人民大学舆论研究所的调查，用户智能手机上安装的 APP 通常为 27 个左右，而常用的不超过 7 个。APP 需花费一定的安装时间并占用手机用户有限的存储空间，且 APP 更新后需用户进行更新，这样的用户体验限制了用户对更多程序的使用。鉴于此，平台型网络服务提供商考虑用更好的方式帮品牌解决增加用户连接频次的痛点，让与用户沟通的资产形式更加轻便化无疑是有益的方向，而百度提供的"轻应用"和腾讯提供的"小程序"，无疑代表了这类尝试的主导方向。

"轻应用"（Light App，缩写为 LAPP）是 2013 年 8 月 22 日百度在年度百度世界大会上宣布推出的新业务方向，是一种无需下载、即搜即用的全功能 App，既有媲美甚至超越 Native App 的用户体验，又具备 Web App 的可被检索与智能分发的特性，将有效解决优质应用和服务与移动用户需求对接的问题。该应用相比于以往 APP 形式的特点是：第一，无需下载，即搜即用，后台更新，前端自动呈现，不会骚扰用户；第二，破壳检索，打破信息孤岛，根据用户搜索需求智能分发至各品牌；第三，功能强大，拥有调用语音、摄像头、定位、存储等多种应用的能力，满足用户多样化体验；第四，支持用户主动订阅需求以沉淀用户，提供信息推送服务。

微信小程序（Mini Program，简称小程序）是 2017 年 1 月 9 日腾讯正式推出的在线服务形式，是一种不需下载安装即可使用的应用，用户扫一扫或搜索到即可打开应用，实现了应用"触手可及"的梦想。这款完全基于移动终端的应用形式，目的不在于为品牌带来流量，而是为品牌打通线上线下通道，帮助品牌建立线下交互场景，有望进一步增强品牌竞争力。

尽管上述两项新应用的效果还有待观察，但从百度和腾讯两大巨头寻求下一个增长点的业务布局探索方向可以看出，如何为品牌提供更为轻便的应用以增加与用户的连接意愿，让品牌通过轻资产运作提高运作能力，增强品牌实力，是服务方和应用方达成的共识，也是品牌发展到今天必然要做出的选择。

三、"重关系"对"轻资产"的有效补偿

轻资产并不意味着对支持品牌运作的资产形式的轻视，而是利用相关条件巧妙调动各种支撑产品生产、营销、销售的资产和资源为我所用，发挥"软实力"和"巧实力"实现品牌超越常规的发展，是一种"举重若轻"的资产运营形式，而不是要彻底抛弃依然发挥重要作用的重资产或支持品牌运作的后台系统。也就是说，轻资产运作指的是与用户发生关联的品牌界面看起来简洁化、轻便化、人性化，但用于支持前台系统的基础要素仍需确保良性运作状态。轻资产运作是用新的规则改变了传统的品牌运作模式，是对品牌运作相关要素的调整或重组，是熊彼特意义上的

模式创新。而从重资产运作向轻资产运作转化的核心枢纽，就是品牌与用户之间的关系，也就是说，从关系维度考察品牌运行规则，支撑轻资产运作的关键恰恰在于"重关系"。

并不是说传统品牌不重视与用户之间的关系，但比起数字品牌，用户基本上是一种外在于品牌运作过程的附属品，当品牌需要用户时才会去找用户，维持与用户的短暂关系。而对于数字品牌而言，用户是共创品牌的协同力量，用户从品牌创建开始就成为不可或缺的重要元素，与企业一起共同推动着品牌发展的进程。以小米品牌为例，从创立至今，用户参与了品牌运作的全过程，用户成为品牌基因的重要元素，以至于公司副总裁黎万强在总结小米公司成长过程的书名就用《参与感》来命名，系统总结了用户全面参与小米品牌成长的方方面面，从中可以看出品牌与用户之间的关系已经形成你中有我、牢不可破的程度。从小米品牌的口号"为发烧而生"就可以看出，品牌已将用户置于品牌的核心地位，围绕强化与用户的关系来提升品牌竞争力。为此，小米公司在"米粉节"到来之际特别推出微电影"100个梦想的赞助商"，向最初支持公司发展的一百个铁杆粉丝致敬。通过各种手段聚拢的数以千万计的粉丝，已经成为公司进行产品研发、提高产品质量、产品销售、品牌营销的有生力量，真正做到以销定产、以用户需求确定产品功能和产品开发方向。可以看出，"重关系"建设大大提高了小米品牌对市场需求的洞察能力和应变能力，也是品牌向生态化目标挺进的出发点和归宿，这一极致化的追求逐渐成为更多数字品牌的方向。

"吴晓波频道"品牌也是致力于打造重关系的代表。根据吴晓波撰文介绍，"吴晓波频道"创办的初衷，就是为了找到自己的读者，因为他在传统纸媒日渐式微的环境下越来越不知道自己的读者是谁，不知道他们对自己所写的内容有什么意见。有了"吴晓波频道"后，他能清楚地看到用户对他文章观点的评价，知道用户的人员构成和用户对他的期待，这会让他的写作更有方向感。尤其是那篇《反对屌丝经济》的文章发表引发的"自然掉粉"，让剩下的用户与因此而新增的用户和品牌之间建立起更为紧密的关系。这些认可吴晓波价值观并结成知识社群的用户，通过自组织举行了形式多样的各类活动，让知识社群的品牌识别度越来越高，吴晓波通过这个社群进行的相关商业拓展活动也能顺利开展。品牌与用户彼此之间关系紧密并保持高频次的互动，品牌经营在自然而然的互动中顺势而为，品牌竞争力的提升也会水到渠成而不用刻意为之，这才是品牌建设的高级阶段。

因此，数字品牌为品牌建设提供了"重资产、轻关系"之外的另外一种可能，那就是"轻资产、重关系"。在数字媒介为用户提供各种便捷渠道从而激发起用户的参与感，品牌因而日益变得透明和公开，这种模式代表时代的发展趋势，更符合用户的需求。

四、用户作为品牌资产之一——占意模式

资产是企业用于生产和再生产所需的所有资源。在注意力日益变得稀缺，用户的注意力很容易被其他品牌吸引的环境下，能够持续吸引用户的品牌会比那些不占有这些资源的品牌有更大的竞争力。尤其是当这些注意力能够以某种固定化的媒介衡量，而

这种用于衡量品牌关注度的相关指标又会成为其他用户衡量品牌吸引力的参照，进而会影响这些用户的选择意向，这些被固化在品牌载体上的用户就有可能成为品牌资产，影响品牌的运作。这一点在可口可乐品牌上体现得非常明显。可口可乐公司总裁曾经说过，即使可口可乐的工厂在一夜之间化为灰烬，第二天就会有银行排队为可口可乐提供贷款重建工厂，这就是可口可乐商标作为无形资产的价值。这种价值体现在用户身上，就是商标所负载的价值内涵对用户的稳定而持久的吸引力，那些提供贷款的金融机构看中的恰恰是可口可乐背后潜在的消费者，它们愿意为这些潜在消费者未来的消费提供担保，提供品牌所需的资金支持。

当人的意识为某一事物所吸引、占据的时候，就不会注意到其他的事物，这就是"占意"，顾名思义就是占领意识，这是集智俱乐部创始人、北京师范大学张江副教授提出的概念。在他看来，占意一方面表明对某事物注意（Attention）的状态；另一方面，当我们的意识被强烈的内心渴望和意愿占据的时候，占意就成为意愿（Intention）。① 无论是哪个层次，占意都意味着我们将更多的注意力投向某一事物。由于人的注意力具有排他性，一旦某一事物进入人的占意空间，就会优先得到更多关注，进而占据人的意识。对这一认知模式的理解，有助于我们更好地认识注意力如何成为品牌的资产形式。

如果说前网络时代品牌价值的计算要基于品牌以往的表现再用烦琐的公式加以评估显得很虚幻、很不直观的话，进入网络时

---

① 集智俱乐部：《走近 2050》，人民邮电出版社 2016 年版

代应该有更直观、更符合实际的计算方式才对。没错，几年前这方面的尝试就开始了。比如，百度从 2013 年开始就推出了品牌数字资产榜，用于衡量在网络世界里一个品牌所拥有的虚拟资产，用以评估品牌在数字空间里的价值。

品牌数字资产榜是通过大数据的技术和模型，实时、连续、清晰地测量品牌在互联网上的影响力和价值，从而为品牌经营者在数字时代评估、建设和管理品牌提供深入洞察和决策参考。作为数字时代品牌构建的风向标，这一榜单从信息库存量、连接活跃度和口碑推荐量（即社会化聆听）三个维度和全网内容量、网页好评率、搜索量、转搜比例、评论数、口碑好评率等六个指标，囊括了用户从认知、需求、决策到分享的完整流程。信息库存量是指互联网上可检索到的与品牌相关的正面信息量的大小，代表品牌能够提供给用户进行决策参考的信息丰富程度；连接活跃度是指用户与品牌有效连接的质量和强度，强调与品牌相关的内容被用户有效激活才能真正发挥作用；口碑推荐量即指品牌的社会化聆听水平，综合反映用户在互联网上对于品牌的讨论热度和情感态度。① 百度每年都会在 Moments 商业峰会上重磅推出数字资产排行榜，为每个品类确定上一年度各个品牌在数字资产上的表现。比如，在智能手机领域，小米品牌在连续几年的榜单上都位列前三甲；而吴晓波作为个人品牌，蝉联 2016 年年度最具价值财经作家称号。

这一榜单的运作大致依据这样的逻辑：网民围绕品牌的任何

---

① 智颖：《品牌资产新定义》，《中国广告》2014 年第 7 期

行为都能在网络上留下"痕迹"，这些"痕迹"不但能呈现个体网民对品牌的兴趣和喜好程度，他们的行为还会成为其他网民判断某一品牌价值的参照。以"百度指数"为例，这是直观反映某一品牌网络搜索量的参考指标。一个搜索量数以万计的品牌，和一个搜索量只有百位数的品牌，前者在数据上的表现说明该品牌赢得了更多网民的兴趣，在趋同心理的作用下，会有更多网民倾向于选择这一品牌。当搜索量达到一定程度，搜索引擎也会优先推荐该品牌，这一机制又会对网民的选择产生潜移默化的影响，逐渐会形成在线搜索的"马太效应"，让网络上获得一定规模关注度的品牌变得更受欢迎，获得更多关注，从而赢得更多链入（link in）的注意力资源，连接活跃度上的表现就会越来越优秀。

口碑对于品牌价值的提升效果更为明显。当用于在众多的品牌中间进行选择时，拥有一定数量好评的品牌自然会降低用户的疑虑，提高用户的好感度，品牌被选择消费的概率大大提升。当用户购买了某一品牌的商品后，又会增加更多的口碑，为后面的用户进行选择提供正向的引导。用户在网络环境下倾向于搜索和向他人推荐的行为习惯，已经得到了广泛共识，日本电通公司在2006年前后就总结出了基于网络的用户行为习惯模式——AISAS，Search 和 Share 就是具有鲜明网络特点的行为，似乎所有网民都有类似的习惯。相比之下，中国消费者在这方面表现得更为突出，更愿意向其他用户介绍新信息，推荐新产品、新品牌。由于这一现象相比于其他国家的用户更为明显，以至于日本博报堂公司在经过深入调查后，为这类群体送上了一个别致的称呼——信蜂，即在信息采集和传播上像蜜蜂一样，会将一处获得的信息主动带到圈子里，让朋友获得有关该产品或品牌的信息。

从调研数据看，中国的消费者确实更愿意将自己获得的信息与他人分享，并且更愿意从朋友渠道获得信息。品牌如能利用好这样的信息传播渠道，将更多的注意力资源转化成品牌经营的辅助力量，就会获得良性的外在资产为我所用。

这类吸引非固定用户注意力的方式更多情况下还是基于Web1.0产品得以实现的，获得的是偶发性的注意力资源，这种模式可以称为"占意模式"，即通过各种渠道占有用户的注意力，是比较初级的将用户转化为品牌资产的模式。随着互联网产品的发展，品牌在获得用户资产上还有一种更重要的模式：围观模式。

五、用户作为品牌资产之二——围观模式

"围观"现象一直存在，直到微博出现以后，其社会学意义得到进一步凸显。2009年上线的新浪微博作为一款具有明显的新闻属性的产品，便于公众围绕某一现象或议题展开讨论，将以往不容易置于公共空间讨论、无法借助民意促进事态向好的方向发展且涉及公众利益的议题公开化，对社会阴暗面形成威慑，产生震慑作用，故有媒体把这种现象称为"围观改变中国"。这种现象之所以会发生，很大程度上是因为微博这类能够以"加关注"的形式添加为某一账号粉丝的媒介形式，能够将粉丝固化在账号周围，一旦该账号发布或转发信息，粉丝会在第一时间即时更新信息，对账号节点做出回应，并有可能借助这些粉丝的转发行为进一步扩大信息传播的范围，形成裂变式的信息传播链条。这意

味着一旦某一主体（机构、个人或品牌）吸引到粉丝的关注，只要粉丝不主动解除关注，粉丝就会始终围绕账号节点左右，关注到该账号发布的任何信息。这一机制同样体现在 2011 年推出的微信产品上，无论是用户添加公众号还是微信好友之间互相关注，以每个节点为中心的信息传受关系本质上都是一样的，都会发生以账号为核心的"围观"行为。一个节点吸引的粉丝数越多，其在信息传播链条上的主导作用越大，对其他人产生的影响就越大。当以信息的广泛曝光为目的的品牌希望在一定时间内影响到更多人时，这些聚集在品牌账号周围的粉丝就成为衡量其信息触达能力的资产。其中的道理很简单：如果品牌账号没有足够数量的粉丝，要想达到一定的传播量，品牌必须花费更多的推广费用才能达到目的。但对于拥有粉丝达到一定数量级的品牌而言，这部分费用就不用额外支出了。优酷自频道市场总监、原明道副总裁许维对此有清醒的认识，他曾经表达这样的观点："微信不仅是一个 CRM 工具，它本身还是一个用户数据库。以前，我们使用 DM、email、短信做 CRM 的时候，数据库和通信工具是分开的，而在微信里二者则合一了。因此，当我们推广我们的微信公众账号的时候，我们其实就是在积累我们的用户数据，它本质上就是我们的一项资产。……我的论述逻辑可以归纳为：微信公众账号订阅者 = 潜在用户 = 资产。不要把经营微信视作简单的营销行为，而要把它视作积累资产的过程，为它所付出的钱不是费用，而是投资。所以，每个企业其实都值得来做这件事。"①

---

① 许维：《转折点：移动互联网时代的商业法则》，电子工业出版社 2014 年版，第 50 页

　　无论是微博时代还是微信时代，那些拥有数以十万计粉丝的"大V"标价承接信息推广业务，就是很有说服力的明证。今天，各品牌在"粉丝＝资产"上已经达成共识，千方百计去获得并绑定粉丝，以对粉丝的吸引力大小来证明自身的价值。当下方兴未艾的"网红"现象，目前很难有公认的价值评估标准，似乎都认可以网红吸引的用户数量作为硬性指标，"围观粉丝＝品牌资本"的价值等式大体上是成立的，用户直观上会以品牌吸引到的围观群众数量作为判断网红人气指数的核心指标，并以此来认定网红的价值，作为是否加入到围观大军的心理依据。

　　在品牌粉丝中，不同层次的粉丝因发挥作用的不同而能区分出资产的优劣。有一种在助力品牌成长上起到以一当十作用的粉丝格外受到品牌的青睐，这就是对品牌充满信赖感和自豪感的粉丝——铁粉，他们作为品牌的铁杆粉丝，对品牌付出的是无怨无悔的真爱和掏心掏肺的真情。他们会将自己喜欢的品牌视为至爱，甘愿付出比其他品牌更多的金钱和时间，对品牌有不可更易的忠诚。粉丝在数字空间里的表现，就是愿意与品牌永远黏在一起，主动传播与品牌相关的任何正向信息，帮助品牌拉更多粉丝建立社群。一旦品牌出现负面口碑，粉丝会千方百计帮忙修复品牌裂痕。一句话，铁粉就是与品牌有高黏性关系的忠实支持者。如果从关联性上来考察，铁粉是品牌用户群体中关联性最强的群体，他们要比一般用户和粉丝有更多质量更高的连接频度，而这样的连接频度是对品牌吸引力和影响力衡量的直接指标。这样的铁粉数量越多，对品牌的拱卫作用越大，品牌就越有竞争力，越能保证有长远的发展空间。中欧商学院教授李善友曾经创造了一个品牌连接系数公式，以此来说明铁粉在为品牌获得更多连接关系中的作用：

连接系数 = lg 铁粉①（N 是品牌拥有的铁粉数量）

按照这个公式计算，一个品牌的铁粉数量为 10，连接系数为 1；铁粉数量为 100，连接系数为 2……以此类推，当铁粉量达到 1 万级别时，连接系数为 4，这就意味着这些铁粉会因为对品牌的深厚感情而积极为品牌进行推广，帮助品牌扩展粉丝数量，积极参与品牌活动，让粉丝之间发生更为频繁的互动，激活品牌的活性，让品牌产生更大的影响力。最能体现品牌粉丝能量的是演艺圈里拥有众多粉丝的明星，比如李宇春、鹿晗等人，他们的粉丝甘愿为自己眼中的女神、男神奉献而无怨无悔。为了提高明星的支持率和演唱会的上座率，粉丝们会自发行动，以自组织的形式有序分工，通过各种渠道为明星拉票、宣传，不但自己会为明星掏钱买票，还用实际行动提高明星见面会、演唱会的上座率。这些铁粉是提高明星人气和收入的重要力量，他们发挥的作用有时比明星聘用的经纪公司和专职宣传人员还有效，无疑是明星品牌运作的编外人员，是品牌不可或缺的重要资产。当用户的注意力越来越稀缺、心智越来越难以被占有，获得深度围观的用户变得越来越困难。一旦品牌用自己的产品和价值观获得了用户的认可并以固化的形式黏着于品牌周围，这些活化的资产就会不断地激发出创造性，为品牌增值提供源源不断的能量。

---

① 李善友：《互联网世界观》，机械工业出版社 2015 年版，第 72 页

六、"硬后台"支撑"轻资产"

改革开放初期，中国出现了一批奇葩公司——皮包公司，一个公司的所有家当都在一个随身携带的皮包里，后来"皮包公司"就成了坑蒙拐骗、四处忽悠人以达到发家致富目的的机构的代名词。这类机构之所以不能长久，说到底还是因为实力不够，空有一张巧嘴而没有强大的后台支持系统，只能做一锤子买卖，无法维持健康稳定的业务发展。今天数以万计倚靠直播技术迅速成名的大小"网红"，绝大多数跟当年的皮包公司类似，过于倚靠"前台"的表面功夫，而缺乏支撑其"红"的核心竞争力，换句话说，如果无"网"，"红"将不复存在。即使可以存在，大量同质化的网红在用户相对恒定的需求面前，能够保留下来的数量寥寥无几。作为数字品牌的前端界面要尽量简洁、易用，要避重就轻、举重若轻，但作为后台系统则需要提供足够厚实的支持，也就是说，"轻资产"需要"硬后台"。

看看在品牌建设上卓有成效的数字品牌，就知道为什么后台厚度决定前台高度了。"罗辑思维"几年前还是以《罗辑思维》视频作为核心产品与"爱智求真"的用户建立连接关系，到今天其业务已围绕"知识运营商"的角色广泛布局，电商卖书、帮助知识人交易观点和思想、线下演讲……目前公司已有超过150名员工维护这一平台的运营。"罗辑思维"供给用户的前台产品是"罗辑思维"APP、"罗辑思维"视频和"得到"APP，支撑知识运营业务的后台系统庞大，远超过一般人的想象。创始人罗振宇在2017跨年演讲中明确宣称"罗辑思维"是"知识运营商"这一品类的开创者，以此在用户的心智里为品牌占位。为了运营好这一品牌，罗振宇不断以知识运营为核心积极布局，为读书人经商赚钱开创一条新路。凭借罗振宇本人的死磕精神和他在业界积累的相关资源以及独创的品牌经营模式，将会不断夯实品牌运营的后台系统，让品牌成为"有源之水""有本之木"，给予用户的前端会更丰厚，更有营养，对用户更有黏性。

数字品牌的前端看起来很简单，但要确保品牌向纵深发展，必须确保后台系统的深度和厚度，否则就可能在"看起来很美"的高光时刻遭遇困境。同样是做中高端在线旅游的品牌，"游心旅行"的异军突起和被它收购的"五星汇"的突然崩塌，两个同类品牌形成的鲜明对比，凸显出后台支持系统对于品牌稳健成长的重要作用。

"游心旅行"2014年正式成立并上线"游心"APP，为中高端用户提供管家式服务。公司在接到用户需求和预算金额后，2小时内出第一版方案，12小时内根据反馈做出第二版方案，项目负责人会24小时保持手机畅通，随时与用户保持沟通。在执行用户旅行方案过程中，会通过利益分配机制确保旅游目的地合作公司或能提供独特导游或陪游服务的个人（"小C"）为用户提供个性化的服务，为用户带来独一无二的体验。由于游心旅行的用户为中高端人士，对生活品质有要求，事业处于上升期，希望能够再上台阶。他们在一个旅行团里同行相处，在这一过程中很容易找到共同话题甚至共同感兴趣的项目，多有一次旅行结束后达成合作意向的情况，这种意外收获也是用户选择游心旅行的一个因素。由于在机票、住宿和旅行过程中各个环节都做了精心设计，游心旅行作为个人定制式旅行服务品牌，已经得到投资商的青睐，B 轮成功融资 2 亿元人民币，品牌估值超过 10 亿元人民币。

相比之下，"五星汇"品牌却因为过度依赖线上渠道而折戟沉沙。"五星汇"以"一条热门航线 + 一家热门五星酒店"的 OTA（在线旅游代理商）业务，一度在热门线路旅游服务上赢得用户的认可，比如 2013 年推出的"9999 元享受五星机票 + 五星酒店"的美国自由行产品，创造了日销售千单的不俗业绩。但由于业务量的快速上涨，公司因疲于应付而忽视了航空公司、酒店这些合作资源的深耕，尤其是在在线预订系统的规划设计上过度依赖外力（如淘宝旅行），忽视了核心技术的积累，致使在推出有竞争力的服务产品后引来了大量用户的预订，而承接预订的网站却无力应对，后台崩溃长达一周时间。当公司意识到问题的严重性时为时已晚，大量的差评和负面口碑让这一品牌无力维持，最后只能接受被游心旅行收购的命运。①

总之，交付给用户的产品或服务要尽可能"轻"，为用户提供的界面形式要尽可能人性化，以此来确保用户的良好体验。这一切都需要以完善的后台系统为依托，后台越厚实，依托各种资源建立起来的与用户之间的关系越"硬"，越能确保品牌的长远发展和持久的竞争力。

---

① 胡皓：《互联网 + 创业相对论》，电子工业出版社 2015 年版，第 217－237 页

第五章

社群化生存

数字品牌具有天然的社群属性，社群不但赋予品牌以生命，而且为品牌提供活力，滋养品牌生长。

一、数字品牌的社群属性

1. 社群定义

"社群"在今天已经成为商业世界使用频率最高的词汇之一，公众对这一词汇的熟悉过程，还要以"网络社群"这个词汇作为认知的起点。网络社群是指互联网上因某种需求而聚集的，围绕共同的利益或目的而组织起来的在网络虚拟世界进行共同活动的集体，也叫作虚拟社区、虚拟社群。瑞恩高德对此下的定义具有代表性：网络中相当多的人展开长时期的讨论而出现的一种社会聚合，他们之间具有充分的人情（human feeling），并在电脑空间里形成了人际关系网络。[①]

一般意义上的社群是指为了共同目标而以某种形式聚合而成

---

① 彭兰：《网络传播学》，中国人民大学出版社 2009 年版，第 123 页

的社区，它区别于行政语境下的作为管理组织存在的"社区"，强调个体活跃度和个人意愿与整体的协作，而不是依靠行政命令具有强制性的铁板一块的强调服从和牺牲的集体形态。美国创意商业人士简·麦戈尼格尔在《游戏改变世界》一书中提到："一群有着共同利益的人开始互动以促进这一利益时，社群就出现了。它要求群体里的每个人都积极参与。为了把一群陌生人变成社群，必须遵循两个基本步骤：第一，培养陌生人之间的共同利益；第二，给他们机会和途径围绕这一利益开展交流和互动。"①社群的建立需要情感归宿和价值认同作为连接纽带，在此基础上就会慢慢形成麦戈尼格尔所说的"社群精神"。"有了社群，我们就能感受到人类学家所说的'社群精神（communitas）'。社群精神是一种强烈的团结感、凝聚力和社会纽带感，能预防孤独和疏离。"② 互联网能够便捷地将分散在各个角落的个体无成本地聚集在一起，有着共同价值追求的用户便有了更多与自己有类似需求的个体聚集，从而获取更多靠个体力量无法实现的利益的机会，能得到更多突破自身局限性的新知。正是在这个意义上，知名学者胡泳为"社群"下了一个具有普遍适用性的定义：社群是在一个知识型组织内，自行聚合的，以知识图谱和价值观为索引的虚拟组织，而"知识"是社群的坐标系。人们按照组织设定的"标签"进行自动聚合，就像 Web 2.0 的网络社区一样。③ 一个人会

---

① ［美］简·麦戈尼格尔：《游戏改变世界》，浙江人民出版社 2012 年版，第170 页
② ［美］简·麦戈尼格尔：《游戏改变世界》，浙江人民出版社 2012 年版，第171 页
③ 胡泳、郝亚洲：《社群经济与组织社群化》，《IT 经理世界》第 393 期

有很多爱好、身份和标识，他可能生活在很多的社群里，但同一个社群里的人，他们的价值观和审美一定是互为认同的。吴晓波据此对社群下的定义是：社群是一种基于互联网的新型人际关系，这一界定更能把握本质。

品牌社群是建立在使用某一品牌的用户间的一整套社会关系基础上的专门化、非地理意义上的社区。这种以品牌为核心构成的动态社区，能够让有共同价值观的用户之间形成互动交流、相互影响的黏性关系，增强用户对品牌的认同感和依赖感。这是因为社群的聚合是以品牌与用户共同认可的价值标签为前提，并以此作为区分不同品牌社群的依据。这个标签最初是由企业设定的，用户在使用过程中会生成、添加标签，从而丰富着品牌的价值内涵。

比如，"吴晓波频道"自推出后就明确界定为"知识社群"，这是该品牌为在粉丝人群中产生号召力而设定的价值标签，意味着该品牌的核心用户是有一定文化水平并愿意通过社群不断成长的知识人群。"吴晓波频道"除了通过每周的音、视频节目分享吴晓波本人以泛财经的视角对变化中的世界进行解读外，还通过社群成员自组织的形式开展一系列让社群不断成长、不断丰富内涵的活动。比如，"吴晓波频道"2015年就在81个城市由用户自行组织起书友会，当年就举办了2000多场次的线下活动。在这个过程中，社群成员因价值认同而能够互相找到彼此，在总的"知识社群"定位之下进一步细分圈层，借助贴近性的书友会活动再造成员之间的信任关系，活跃社交氛围。这些走出在线交流局限的线下活动促进了社群的活性，同时强化了社群的"知识"

内涵。

2015 年"吴晓波频道"通过社群"班委会"实施的"咖啡馆改造计划",让 100 个咖啡馆里成功添置了书架。活动借助公众号发布公告,向不同的资源供应方募集书架、图书和阅读终端设备,这一调动社群内多方资源共同完成颇有社会意义的众筹活动,进一步丰富了社群标签的价值内涵,增强了社群凝聚力和号召力。

2. 数字品牌天然的社群属性

知名媒体人罗振宇认为,新媒体的本质就是社群,它能打破时空的限制,让每个人能够按照自己的意愿与其他人自由连接。基于数字技术建立的品牌,当它拥有核心产品并不断推出相关内容传达出与其他品牌不同的价值观后,就有可能吸引认同品牌价值观的用户与品牌建立连接关系,推动品牌社群由小到大,逐渐产生更大影响。数字品牌源于社群并服务于社群,与社群的关系休戚与共,没有一定规模的社群支持,品牌将难以获得更大的发展空间。品牌的价值与社群的价值是一种正相关的关系,社群的价值越大,品牌的价值就会越大。说到底,数字品牌的关键在于是否拥有针对目标用户的独特价值观和足以支撑价值观的内容或产品,有了这两条,技术提供的便利性就能让品牌社群变得越来越强大,越来越成功。

吴晓波在 2016 年初的演讲《我做自媒体实验以来的体会和思考》中,总结了社群价值的衡量方法,即:社群价值 = 内容 + 价值观 + 连接。有了明确的价值观,就可以通过技术连接手段将有价值的内容汇聚起来更好地满足社群用户的需求,让内容发挥更大价值，让用户和品牌共同受益，促进社群和品牌的成长。

罗振宇在开办《罗辑思维》前一直在传统媒体从事财经类节目制作，对比传统的经济形态，他认为基于新媒体的独特经济形态是"范围经济，就是先划定范围，然后在范围内靠多品种实现增值。"① 而这种围绕社群成员的需求不断提供多样化的内容和服务以获得更多收益的方式，需要社群成员之间的互助与协作才能更好地实现。"逻辑思维"2014 年实施的"罗辑思维月饼"计划，以众筹的方式从会员中筹集启动资金后分工合作，从社群成员中选拔项目负责人、财务总监、监督员、原材料采购员、月饼模具开发人员、营销人员、宣传人员等，将月饼销售给社群成员。经过缜密的安排，这桩围绕逻辑思维社群开发的项目获得了很好的经济回报，参与众筹的成员得到了远高于一般商业基金的年化利率收益。逻辑思维在年度书籍出版上也尝试了类似的路径，让源于社群的智慧为品牌产品的开发和完善提供支持。而小米公司创始人中没有一个人有做手机的经验，却在推出小米手机几年内就获得了国内智能手机市场销量排名第一的好成绩，其成功的秘诀就在于此前在软件开发领域以在线论坛的形式长期聚集了数以万计的忠实用户，他们与小米公司员工共同形成的社群黏性十足，公司长期形成的"参与感"文化有利于第一时间获得来自用户的真实反馈，这让小米公司能够及时、准确地了解用户的需求，从而根据实时获得的反馈信息不断在手机软件和硬件上更新换代，确保了产品迭代快而又能准确把握用户需求，创造了手

---

① 卢九评：《大数据时代的新商业模式》，文汇出版社 2014 年版，第 170 页

机发展史上的奇迹。无论是罗辑思维还是小米公司，它们在强化品牌的社群属性上所做的一系列相关探索，表明数字品牌如能充分发挥其源于社群而又紧扣社群需求的优势，将会拥有更为广阔的发展前景和更为长远的发展空间。

二、品牌社群的社会资本积累

1. 数字品牌的社会资本

1988 年，社会学家科尔曼将社会资本定义为：行动者可以获得的某种资源，它们由社会结构的某些方面组成，并促进行动者的行为，无论是个人还是集体行动者。目前得到广泛认同的社会资本定义是："能够通过推动协调的协同来提高社会效率的信任、规范和网络。"社会资本分为两类：一类是结构社会资本，主要由社会组织和网络等社会结构构成；另一类是文化社会资本，其构成要素有信任、信仰、规范、价值、态度、互惠等。[①]

对于数字品牌而言，品牌社群的构建能够有效积累社会资本，尤其是线上社会资本。线上社会资本是指在网络空间中所形成的社会资本，通过分析社交媒体用户朋友数量和信息分享特点来反映其在线社会资本概况及影响，Facebook、Twitter、微博、微信等社交媒体用户之间所形成的关系，都有社会资本产生。品牌社群的形成，不但能够将认同品牌价值的用户聚合、沉淀后成为持续支持品牌的"粉丝"，更能通过社群成员间的深度互动不断丰富品牌价值的内涵，提高用户之间的信任关系，增强社群成员

---

① 张洪忠等：《社交媒体的社会资本研究模式分析》，《现代传播》2015 年第
11 期

对品牌的信任度，增加品牌忠诚度，从而让品牌变得越来越强大，越来越有吸引力。

2. 数字品牌社会资本积累方式

（1）积累并沉淀用户量

数字品牌以各种数字媒介作为运营的核心，便于认同品牌价值的用户以最短的连接路径找到品牌，成为品牌社群的成员，自主参与社群的活动。当用户对品牌价值认同达到一定程度后，就会成为稳定的社群成员，不但自身会积极参与社群的相关活动，而且会为社群发展贡献力量，自愿、主动地为品牌做宣传，拉动更多的用户进入社群。一个社群的用户尤其是活跃用户的数量，成为判断品牌价值最为直观的指标。

"吴晓波频道"通过同名音视频节目很快聚集了近百万的用户，吴晓波通过《反对屌丝经济》等文章进一步明确品牌社群的价值观后，尽管短时间内造成用户的流失，但真正认可其价值观的用户反而会更加坚定，也让那些之前对该社群不了解的用户因明确的价值标签而成为品牌拥趸，用户数量稳步增长，目前粉丝数量已达几百万人。吴晓波采用"罗伯特议事规则"的形式让社群成员自行选举出负责人作为"班长"，以自组织的方式开展了各种活动，如书友会、旅游、众筹等，让社群成员逐渐找到归属感，这些沉淀下来的用户就是品牌不断成长、壮大的有效资产，可以长久地为社群所用。

（2）获取并提高信任度

在数字媒介构筑的"陌生人"世界里，获取用户的信任变得越来越困难，尤其是要用户支付各种成本——货币成本、时间成本、精神成本、体力成本、机会成本——的环境下，拥有用户信任度的品牌无疑有更大的竞争力。品牌一旦获得用户的信任，将花费更少的营销成本，获得更大的收益。

对于数字品牌而言，能否收获信任取决于品牌的透明度，品牌越透明，用户越了解，符合用户需求的品牌就越有可能获得用户的信任。试图通过屏蔽对品牌不利的信息，用传统媒介环境下信息不对称来蒙蔽用户的行为只能适得其反，因为今天的用户有足够的信息渠道获得各种用户用于决策的信息。一旦用户发现品牌有不诚信的行为，就会对品牌的"品行"产生质疑。

小米作为为用户提供智能产品的品牌，其成功的原因除了创始人雷军总结的"七字诀"（专注、极致、口碑、快）外，如果从用户的角度来分析，就是一直以近乎透明的运作获得用户的广泛信任。小米手机从软件切入智能手机市场，通过论坛、社区、微博等社会化媒体形式广泛听取用户的意见，将有价值的反馈转化成不断迭代的产品，让用户感觉自己得到尊重。为深入了解用户需求并迅速做出回应，小米公司要求包括总裁、CEO 在内的所有员工轮流管理公司的社会化媒体，每周 7 天、每天 24 小时派专人管理各个互动渠道，并要求对任何一个用户意见都要在 15 分钟内做出处理。产品所用的原材料和配件，用户都能通过便利的渠道清楚地了解到。正因为如此，当小米手机以接近成本价面向市场销售时，用户以积极购买的行动表达对品牌的信任，并基于小米"为发烧而生"的理念形成数量庞大的品牌社群，支撑起小米品牌较长时间在智能手机市场领跑。有了这样的信任基础，小米品牌才有足够的底气在多个产品领域不断拓展，小米品牌生态的打造也就有了胜算的可能。

（3）拥有并增加忠诚度

品牌忠诚度是用户在认可品牌价值的基础上表现出的不为其他品牌所动的情感和行为。大量调查显示，没有用户忠诚度的品牌比拥有用户忠诚度的品牌要多花费约 5 倍的营销成本，而在用户转移消费对象只需动动手指就能做到的今天，拥有用户的品牌忠诚变得尤为重要。当品牌逐渐形成稳定的价值观并能以透明化的运作赢得社群成员的信任后，渴望获得归属感的用户会有"终于找到组织"的感觉，有可能为品牌献上情感忠诚甚至是行为忠诚，共同经营品牌社群。

"凯叔讲故事"从每天讲好听的故事、用读诗精心打造"哄睡神器"开始，逐渐赢得了少儿及其父母的喜欢。深度用户不但每天收听节目，还会积极参与品牌组织的活动。如有绘画特长的孩子将《西游记》中的主角按照情节规定画出来，加入到《凯叔西游记》绘本的制作当中，积极购买品牌出品的各类产品，如"故事盒子"、玩偶等，让这个有着广泛用户基础的品牌找到了稳定的经营模式，而这一切都源于用户因忠诚于品牌而表现出来的黏性。这些以年轻女性为核心的忠实用户不但有较强的支付能力，而且更愿意帮品牌做宣传和推广，在更多"妈妈圈"里传播品牌的形象和价值，品牌自然会获得更多可持续发展的空间。

（4）丰富并延展价值内涵

传统品牌的价值标签是由品牌方设定并主要通过大众媒体加以单向传播，以实现告知用户的目的。而数字品牌的社群化运作的要义在于，品牌方给品牌设定的价值标签只是吸纳用户成为品牌社群成员的核心要素，一旦用户成为品牌社群一员，用户和品牌就成为利益结合体，用户以利益相关方的身份，通过广泛参与社群活动不断增加新的价值标签，延展品牌价值空间，不断丰富品牌的价值内涵。

"吴晓波频道"具有财经作家吴晓波本人鲜明的个性色彩，在聚合了追求自由主义和认可商业之美的社会中产或走向中产路上的人群后，这些具有一定社会行动力的用户就可以根据自己的兴趣方向再度聚合，找到各自的同侪组织活动，生成新的价值标签。比如，全国各地自发组成的读书会，体现各地特色、发挥本地优势的旅游团，看好共同项目组织的众筹活动等，在社群内部能够实现"自由人的自由组合"。多样化的形式激发了用户的热情，增强了社群成员之间的横向沟通，让社群变得非常活跃，结果就是对品牌价值有了更为深入的了解和认知。而品牌方要做的就是适当加以引导，强化品牌的核心价值。比如，吴晓波会有选择地参加各地举办的读书会，体现他作为品牌价值核心的地位，以此来强化"吴晓波频道"作为不断成长的知识社群品牌追求新知、昂扬向上的价值诉求。

三、品牌社群的有效运作

1. 聆听用户需求

Max Blackston 认为品牌关系是品牌和消费者的互动过程，原有的单一向度的品牌形象代表的是消费者对品牌的态度和行为（客观品牌），要考察品牌关系，必须同时考虑品牌对消费者的态度和行为（主观品牌），主观品牌与客观品牌的互动就形成了所谓的品牌关系。① 聆听用户的真实声音以根据用户需求决定品牌发展方向，是今天的品牌必须有的态度和行为。真正了解了用户的需求，才能找到切入市场的有效点位，取得成功。

作为白色家电领域的国际品牌，海尔集团清楚地知道要想在空调市场开发出有一定竞争力的产品，必须降低身段聆听用户到底需要什么样的空调。2012 年《新闻联播》头条报道的海尔"天樽空调"，成功的关键在于终结了长期困扰消费者的"空调病"的"风洞"设计，而这一创新正是源于海尔员工和用户之间的深度交互和认真倾听用户的真实需求。项目团队在互联网上的各种交互平台上先后调动了近 70 万人参与进来，让这款满足消费者价值预期的产品赢得了全新的市场。该产品"风洞式前瞻设计、手机智能操控、可以去除 PM2.5"的独特功能，让"天樽空调"品牌深深打上了用户塑造价值的烙印。② 在 2014 年 6 月苹果公司发布的全新 HomeKit 智能家庭平台接入家电品牌名单中，洞悉用户真实需求并在产品设计上有独到之处的天樽空调，成为唯一一家中国家电产品品牌，在整合进入苹果商店（Apple Store）后，成为亿万手机用户打造智能家庭的备选品牌，这是对尊重用户品牌的最好褒奖。③

因此，在了解用户真实需求时，首先要搭建便捷的聆听渠道，以便有效获得外部信息。在这方面国外的品牌走在了前面，全球最大、获奖最多的广告和营销公司之一的 DDB 在公司组织架

---

① 王成荣：《品牌价值论》，中国人民大学出版社 2008 年版，第 101 页
② 胡泳、郝亚洲：《张瑞敏思考实录》，机械工业出版社 2014 年版，第 211 - 212 页
③ 胡泳、郝亚洲：《张瑞敏思考实录》，机械工业出版社 2014 年版，第 107 页

构里明确设置了一个全新的职位——"首席社群官"，核心职能就是负责聆听消费者的真实想法，以便更好地对用户进行宣传和教育。具体说来，首席社群官的职责主要包括：同研发部门一起为倾听消费者声音，与消费者共同开发产品创造技术条件；在媒体和网络上制造和散播品牌消息；通过内部渠道和外部渠道监视社群行为并与之互动；站在社群的角度对公司从销售到货运的商业流程进行审查；培育一个与品牌和谐一致的内部文化。① DDB这类对品牌与社群关系有深刻洞察的公司专门设立这样的职位，足见社群对于品牌运营的重要价值。对于其他公司而言，即使不能设置这样的职位，品牌方也要有承担类似职能的人员做这方面的工作，搭建起社群成员与品牌之间顺畅沟通的桥梁。

2. 聚合社群成员

"聚沙成塔"，将分散在网络世界各个角落的用户通过有效方式聚集在一起并加以激活，使其围绕品牌愿景共同建设品牌，这是品牌社群构建的核心环节，而拓展有效连接渠道是其中的关键一步。

在明确品牌价值观后，如何让产生价值认同的用户找到品牌并进入大本营，渠道建设是重中之重。在主要社会化媒体上建立便于用户找到并可随时加入其中的节点，是品牌进行社群构建的必要环节，如官方微博、微信公众号、官方网站、QQ群等，必要时还可以考虑开发APP。一句话，对于品牌来说，有价值的用户在哪里，品牌就应该设置与其媒介使用习惯相匹配的社会化媒

---

① ［美］查克·布莱默：《点亮社群：互联网营销的本质》，东方出版社2010年版，第131页

体形式。

聚合社群成员的另外一种有效方式就是由品牌方或社群成员策划与品牌调性合拍的活动，让用户参与其中，这种动态聚合的方式能够保持品牌黏性。

"凯叔讲故事"利用线上的音频节目吸引了几百万用户，以APP的形式建立起一个庞大的品牌社群。当用户对创始人王凯有了足够的信任后，品牌就能不断推出各种线上线下活动吸引孩子及其家长。比如，2014年社群用15天就众筹了一场规模可观的线下儿童节晚会——"失控儿童节"，有1300多人来到了晚会现场，几乎每个家庭都免费拿走了30多种礼物。以同样方式举办的"失控圣诞节"则以网络直播的形式让家庭参与讲故事和抽奖活动，用户只要参加就能获得远超过49元"门票"的各种礼物和抽奖奖品，活动全部由赞助商买单，赞助商、"凯叔讲故事"品牌都达到了预期目标，更重要的是通过活动进一步聚合了以家庭为单位的用户群体，事实证明这是值得品牌广泛借鉴的有效形式。

3. 调动参与热情

证明品牌社群黏性的最好方式，就是看响应品牌号召的用户规模和参与品牌活动的深度。有些社群的用户数量表面上很多，但由于品牌号召力不够，又缺乏有效调动用户参与积极性的能力，大量用户沉寂在社群里甚至成为"僵尸粉"，这些成员对于品牌的建设没有实际价值。一旦用户的热情被调动起来，不但有利于社群更好地找到品牌产品的发展方向，而且能够促进社群成员彼此间的联络和互动，让品牌生成更多的价值标签，从而吸引更多的用户成为品牌的拥趸。

　　许多孩子都有画画的爱好，但极少有品牌将他们的兴趣引导到参与产品开发这条路上来。"凯叔讲故事"创始人王凯凭借在该品牌社群中的强大号召力发出召集令，让孩子们根据自己的理解和想象画《凯叔西游记》里的插画。这本成功发行的绘本书的插图全是孩子们画的，他们因参与了这本书的制作，而对故事书成品充满期待。尽管这本书定价很贵（250元一套），但依然得到了用户的认可，刚出版就卖出了几千套，最终共售出3万多套。如何在日常运作中保持用户参与的热度？王凯通过设计"凯叔任务"游戏，来帮助家长一起克服孩子各种拖延症，如吃饭拖延、睡觉拖延、起床拖延等。在一次故事讲述结束后，王凯跟小朋友说，他当天因早上太磨蹭讲故事"迟到了"，故决定以后每天早上起床、刷牙、洗脸的时间控制在10分钟以内，如果小朋友愿意跟他一起完成这个任务，就可以在微信里点亮一颗属于自己的星星，连续7天获得7颗星星，可以兑换一枚凯叔的实物勋章挂在自己胸前。这一"凯叔任务"抛出去后竟有10万个家庭参与，坚持7天拿到勋章的孩子有12000个；第二个"凯叔任务"吸引了15万个家庭参与，17000多个孩子完成任务。参与品牌活动逐渐成为孩子和家长的习惯，这对于品牌的成长无疑提供了强大的动力。

　　4. 赋权品牌用户

　　所谓赋权，就是将品牌方拥有的权力部分让渡给品牌用户，使其可以在一定程度上使用品牌方才有资格行使的权力，从而发挥用户的积极性和创造性，提升品牌价值，增强品牌吸引力。

数字品牌广泛吸引用户参与品牌建设，实际上是将用户作为重要的利益相关方纳入品牌建设环节。在品牌运作越来越透明的当下，对于品牌方来说更为明智的态度是通过一定的利益机制调动品牌铁杆粉丝的积极性，让用户成为帮助品牌管理品牌形象、组织品牌社群活动的"大使"，将社群成员变成积极的社群影响者，使其成为品牌社群建设的生力军。

在消费领域，一个重要趋势是生产者和消费者之间的界限逐渐被打破，消费者从提高产品质量的需求出发，愿意为商品生产环节提供更多智慧和力量，社会上出现了更多的集生产者和消费者于一体的角色 Prosumer，即生产型消费者（Producer + Consumer），乐高等大公司早就通过多种方式让用户参与新产品的设计与开发并获得较好收益。在消费电子产业，苹果等高科技品牌也通过 Apple Store 吸引大量开发者开发出广泛应用的软件程序，从而为苹果公司的快速发展贡献力量。他们以利益共享机制调动用户从事价值链前端的工作，而让忠实用户深度介入营销环节的品牌近年来已大量出现，赋权用户提升品牌价值已成不可逆转的趋势。

信任作为品牌核心资产的忠实用户（也就是俗称"铁粉"的那部分用户）并充分赋权，将起到事半功倍的作用。前搜狐网总裁、现中欧商学院教授李善友认为，一个品牌的粉丝跟客户不一样，粉丝跟品牌是有情感关联的，他希望品牌变得更好，没有粉丝的品牌没有未来。这些粉丝能够增加自己与品牌、与品牌的其他用户之间的连接强度，这种强度可以用"连接系数"作为大概的评判标准，而特别钟情于品牌的铁粉有超出一般意义的重要性。他曾提出的一个"连接系数"公式：连接系数 = lg 铁粉，举例来说，品牌的忠实粉丝数是 10，则连接系数是 1，社群状态是传统公司；忠实粉丝是 100，则连接系数是 2，意味着这些粉丝会在消费品牌产品后，会推荐给朋友购买。当品牌铁粉数以万计，连接系数超过 4，这意味着铁粉会以"品牌大使"的身份与社群内更多的用户产生关联，促进社群的活性，激活社群向更有利于品牌的方向发展。

事实上，以赋权的方式激发忠诚用户的积极性和创造性，意味着品牌方愿意通过品牌大使将信任传导给更多的用户，以自组织的形式实现社群的自我生长、自我提升。"吴晓波频道"在明确品牌价值观后，让社群中的积极分子放手去干，以有效的组织结构组织起多种多样的活动，取得了较好的效果。只要社群的连接系数达到一定规模，链接强度达到一定量级，品牌社群就有可能进入良性循环轨道，更多基于社群的品牌运营模式会被开发出来，品牌的健康运行就有了坚实的基础。

第六章

节点化营销

在数字化的网络空间里，每一个品牌都能以可识别身份的数字账号或可寻址的信息定位符码作为信息传播的载体，面向目标用户进行人际化营销，并以独特的沟通形式和高效的互动方式，更为主动地与用户建立关系，交换信息。对不同节点形式的有效利用和多个节点的合理规划，将带来出人意料的营销效果。

常规的品牌营销活动往往由广告公司来主导，在接受广告主的委托后购买媒介资源进行广告投放，营销信息面向最广泛的消费群体进行一对多的传播，"广撒网"造成营销费用的浪费实属必然。在整个营销过程中，品牌拥有者作为委托方无法参与营销过程，也很难与消费者建立直接的关联。这种沿袭已久的营销方式是以大众传播媒介为核心环节，品牌方和消费者被排除在营销进程之外。

在新媒介运营环境下，随着越来越多媒介形式的出现和品牌营销诉求从"传播"向"对话"、"沟通"的转变，品牌方和用户都能加入营销信息传播进程，与传统的大众媒体一样在品牌营销过程中发挥作用，区别只在于致效方式和作用大小的不同，二者角色和地位的差异带来了营销生态的全方位变化，传统的营销观念必然随之改变。与沿袭已久的大众媒介营销相比，品牌方基于数字节点统合相关资源以期尽可能缩短与用户间的距离进行沟通的"节点营销"，将带来品牌生态环境的趋势性变化。

一、品牌借助节点拉近用户距离

大众媒介营销对于品牌形象的建设和传播依然发挥着重要作用，但当越来越多数字媒介分散了消费者的注意力，广告主不得不重新审视更为合理有效的品牌营销方式。全球广告支出费用最多的宝洁集团，2012 年第二季度净盈利比同期增长约 140%，而第一季度比同期下降了 6.9%，盈利水平得到如此大幅度的增长，与宝洁缩减"过度消费"的传统广告等营销费用，转而投向数字营销的策略不可分割。① 2007 年，红牛集团为加强信息传播的有效性，在欧洲创立了红牛媒体工作室，希望能充分发挥红牛 20 年来拍摄的品牌活动内容的作用，并让以后媒体内容的收集、制作和流通更为规范化，能为各大媒体提供传达其品牌理念的媒体内容。其制作的媒体内容不仅供自己使用，还会提供给世界各大媒体。② 2012 年 10 月，红牛因赞助打破五项纪录的 24 英里高空跳伞而带来产品销量的飙升，该公司北美营销副总裁 Hozack 据此认为，"采用社交媒介是企业发展的自然之举，这有利于提升品牌与受众之间的互动"，而这家公司"是首批采用 Facebook、Twit-

---

① 刘晓云：《宝洁如何在数字世界起舞》，《成功营销》2013 年第 4 期
② 谢园等：《品牌即媒体》，《成功营销》2013 年第 10 期

ter、Instagram 和 YouTube 的品牌"。① 无独有偶,"(2013 年)1
月,向来以社会化营销出彩的 Nike 宣布全面回收社交媒体业务
(除中国区外)。这个决定是迫于数字营销以及社会化营销的发
展,表明了广告主的两个态度:一是越来越重视广告营销的效
率;二是希望可以直接与消费者对话。"② 上述几个广告主在品牌
营销观念上的变化颇具代表性,印证了新媒介环境下实施品牌营
销需遵循的新规则:品牌营销诉求从"传播"向"沟通"的转
变;品牌方和消费者作为营销链条中的有机环节进入营销信息传
播进程;营销目标从单纯的信息传递转向培养与消费者之间的深
层次关联。说到底,品牌方力图让品牌故事和品牌价值以便于理
解和认可的方式有效传导给目标消费人群。数字媒介的发展和完
善,为品牌营销提供了便利条件:品牌方可以作为数字空间中的
节点,全面参与品牌营销进程,与消费者进行直接或间接的沟
通,这是未来品牌营销的趋势性变化。

"节点"(Node)作为外来技术词汇,是指可与其他网络设备
互联的设备。随着网络传播实践的发展,"节点"用以指代参与
信息传播和再传播过程的网络用户,还可以指代用户及与其绑定
的一体化信息的结合体。以新浪微博平台为例,每一个注册账号
都是节点,这些节点是由个体用户或企业、政府机构等组织用户
负责运作的。而那些由企业运作并借助该账号面向用户所进行的
信息传播活动,就是典型的节点营销。类似的节点还包括其他的

---

① Natalie Zmuda:《"太空跳伞"让红牛惊叹世界》,《现代广告》2013 年第 19
 期
② 孟丽君等:《面向受众:让技术带动精准》,《现代广告》2013 年第 7 期

具有信息定位符码的数字存在形式，如网页地址就具有统一资源定位符（Uniform Resource Locator，URL），有了信息定位符码，这些节点就是可寻址的，这是所有数字媒介的共同特点，"数字媒体是可寻址的，这代表着即使是上百万人（或数十亿人）使用同一种设备，营销人仍然可以分别和每个用户进行沟通。另外，用户们也能分别和营销人沟通，让你了解他独特的使用习惯及喜好。"① 节点营销就是品牌主以可识别身份的数字账号或可寻址的信息定位符码作为信息传播的载体，直接或间接参与营销信息传播的某一链条，面向目标消费群体进行的以人际化传播为主的营销行为。

品牌节点营销概念的提出有利于品牌更好地理解自身在数字媒介环境下的角色定位，从而制订更为有效的营销策略。品牌之所以能以"节点"的形式发挥作用，有如下四方面原因：

第一，品牌本身就是一个能被用户有效识别的节点，以其独特定位在数字空间占有一席之地，成为用户消费菜单中的备选项。只要品牌有存在的价值并能建立与用户连接的通道，就可以发挥出与用户有效沟通的作用。如小米品牌的成长几乎完全凭借微博展开营销，这一节点完全取代了传统媒体的功能。

第二，品牌形象识别系统和既有影响力能直接对用户产生作用，那些具有独特价值、拥有优良资产的品牌更有可能成为用户的优选对象。小米品牌就是以官网作为电商渠道，以此替代传统的分销渠道。

---

① 肯特·沃泰姆、伊恩·芬威克：《奥美的数字营销观点——新媒体与数字营销指南》，中信出版社2008年版，第28页

　　第三，依托核心节点能有效整合相关营销媒介的活动和信息，将品牌故事和品牌价值沉淀下来，有利于用户对品牌的深层理解和认知。进入小米品牌大本营——官方网站，用户能够了解到有利于认知品牌和产品的各种信息。

　　第四，借助那些广泛渗透于数字空间的节点，品牌能直接与用户进行沟通和交流，缩短与用户的距离，有效节省交流的时间成本和交易的货币成本。近年来大量品牌开发 APP 或小程序，就是为了无缝对接用户的需求，彻底取消各种中介环节，将用户与品牌的沟通成本降到最低。

　　从企业搭建官方网站开始，节点营销就开始出现。企业借助大型门户网站或购买企业域名的方式推广企业自己的网站或网页，官方网站的作用就是让用户能够找到以便于联络或沟通，是企业直接参与营销的早期尝试。微型网站（Minisites）作为配合阶段性品牌营销活动的载体，也是吸引用户参与互动的有效节点。它们都是可寻址的媒介形式，用户逐渐感受到其与传统营销方式的区别。随着官方博客、微博、微信及品牌 APP 的广泛应用，品牌专区、品牌主页等聚合品牌相关信息的服务形式出现，用于辅助企业营销的数字节点形式也日益多样和便捷。以微博为例，为满足企业进行社会化营销的需求，新浪微博运营商 2011 年开始推出企业版微博，目前已吸引了几十万企业用户付费使用，其主要功能模块"广告中心"和"营销中心"承担的就是品牌营销功能。微信的公众账号与此类似，用户添加该企业账号后，品牌与用户之间借助手机客户端进行沟通变得更为便捷。介质形式的微化和渠道类型的细化，都是围绕如何更好地以用户为中心聚合品牌信息来展开经营，媒介技术和终端设备的发展是这场变革的主导因素。

二、用户主导的品牌营销模式转换

无论"以用户为中心"口号喊得有多响，目前关于品牌传播的理论或模型，几乎无一例外是以品牌作为出发点向消费者进行信息传播。即使是广为业界推崇的"整合营销传播"理念，依然没有扭转由品牌方主导信息传播进程的局面。近年来逐渐得到认可的"跨媒体沟通策略"理念①，始创企业——日本电通公司还是从如何向用户有效传播品牌信息的角度来考虑制订一整套解决方案，但这一理念所依托的基础——AISAS 模式②，无疑具有启发意义。由该公司提出的这一界定新媒介环境下用户行为模式中，两个"S"（search 搜索、share 分享）推动用户认知品牌方式的根本性变化，要求品牌方必须将思路转变到围绕用户与品牌发生关系的作用方式上重新思考解决方案。花样翻新的数字终端设备、方便快捷的在线购物渠道、层出不穷的品牌 APP 应用，让用户越来越习惯于在数字空间中做出选择决策，而对传统营销渠

---

① 即"克洛思维奇（Cross Switch）"，意为"通过实现跨媒体沟通（Cross Media），打开消费者心中的开关（Switch）"。这一概念来自电通跨媒体沟通开发项目组编著的《打破界限：电通式跨媒体沟通策略》。

② AISAS 模式是日本电通公司在数字媒介环境下对消费者行为模式的一种概括性总结，是对消费者注意到产品后的一系列行为方式的简化（Attention 注意→Interest 兴趣→Search 搜索→Action 行动→Share 分享，AISAS）。与传统的 AIDMA 模式（Attention 注意→Interest 兴趣→Desire 欲望→Memory 记忆→Action 行动）相比，消费者在注意商品并产生兴趣之后的信息搜集（Search）及产生购买行动之后的信息分享（Share），是两个重要的考察环节。

道日益疏远。为适应这一趋势，品牌必须尽可能地掌控各种数字节点，千方百计地纳入以用户为圆心、以各种数字媒介的拓展能力为半径的品牌信息供应网络中，主动迎合用户的偏好，而不要对传统"守株待兔"式的营销方式寄予奢望。因此，这一意义上的节点营销是以用户作为品牌营销的出发点和归宿，营销的目的是使品牌进入用户的选择范围。这一反向营销的品牌信息传播方式与以往截然不同，在全新的营销命题面前，唯有打破常规，才能主动适应并有所作为。

事实上，这符合近年来品牌营销转变的趋势：由品牌方将信息"推送（Push）"给用户，到允许用户自行"拉取（Pull）"想要的信息。强推式的营销方式不但成本越来越高，而且成效逐渐衰减。随着用户能够使用和接触的终端媒介越来越多，靠品牌方通过固定渠道推送的信息很难打动消费群体。相反，用户会根据自己的信息消费需求，通过各种媒介主动搜寻信息，将信息"拉"到面前。搜索引擎、博客、微博、微信、APP等网络应用，已经大大改变了用户的信息获取方式，让用户成为信息传播的核心。

相对于大众媒介营销传播的品牌讯息（完整的 VCR、大篇幅的平面广告、软文等），用户所接触的每个品牌节点上的营销信息很多是不完整的、片段化的，它们通常可视作与品牌相关的"微内容"。这些构成品牌不同侧面的微内容为什么能够发挥作用？这得益于数字媒介环境下微化内容的功能聚合效应。著名传播学者喻国明教授对此有精辟的解释："微化和碎片化为功能性的聚合提供了种种的可能性，这是我们掌握新媒体发展的社会现实和产业现实的一个关键的观察逻辑，也就是说，碎化不是目的，微化也不是目的，而功能性的聚合才是发展变化的关键所在。"① 形式多样、形态各异的品牌节点，从不同侧面丰富用户对品牌的感知和了解，以功能性插件的形式或借助功能性插件聚合在用户的数字空间里。用户对品牌信息和品牌呈现形态的自由选择，让那些适合的内容留下并有可能进一步传播，不适合的内容远离用户。真正做到这一点，将实现营销的最高境界——个性化营销，即以一个个消费个体作为营销对象，将消费市场细分到个人，每一个用户接触到的营销信息组合都是独一无二的。

正是看到了这一趋势，专业的广告公司针对用户的媒介接触行为开始为品牌提供更为细致的服务，如实力传播公司提出了"Live ROI"的策划方法，即通过对用户即时分析，对品牌主的传播进行即时监测分析及优化，帮助品牌在数字化时代做到投资效益最优。"② 基于即时监测分析结果制定的品牌信息传播方案，能让针对目标消费群体的信息传播更为精准和高效，更易于被用户认可。

针对单一用户的品牌信息服务将出现较大的价值空间，以至于广告公司开始构想全新的品牌服务系统。奥美世纪华北区副总经理王川认为，借助社交平台，"未来可能会产生所谓'整合CRM系统'。这个系统不属于某个品牌，而是基于单个消费者的品牌群的组合。简单说，在这个系统中，消费者常用的数个品牌

---

① 喻国明：《当前形势下传媒发展的关键与行动路线图》，《新闻传播》2013年第9期
② 刘宇：《2014传播布局——因需而变》，《现代广告》2013年第22期

（分散在生活的各个领域）都通过同一个平台维系与消费者的关系，发布信息、积分通兑等。这样，消费者对于这个系统的依赖性也会大大增强。"① 一旦这样的系统建立起来，用户对品牌的需求将会更清晰地呈现出来，品牌方就会为用户提供更加匹配其需求的信息和服务，在众多的竞争品牌中，用户无疑会选择那些更了解自己的品牌。如果品牌真正能从用户接受信息的角度而不是从品牌方角度考虑信息传播的有效性问题，并有能力让用户较为完整地体验到品牌信息，这样的传播将更为有效。正是出于这样的考虑，著名广告公司奥美提出了"统合营销"的概念，这是对营销行业奉为圭臬的整合营销传播观念的反思："整合营销传播（IMC）的本质仍然是一种单向营销思维，在数字营销的时代里，企业必须超越整合并寻找营销中的统合。这两者的差异在于，整合营销专注于追求广告信息的一致性，统合营销（unified marketing）则更关注消费者体验的连续性。消费者并不关心品牌形象的整合，他们更在意自己的个人信息、喜好与需求是否被营销人所察觉，特别是那些忠实消费者。"② 这就要求品牌方将注意力从品牌形象的整合转移至对用户个体经验的统合，对用户个体消费行为和媒介接触行为的准确把握有利于促进品牌与用户的持续对话。

从业界实践探索的方向可以看出，如何围绕用户的信息接触行为和消费习惯确定品牌营销策略和营销传播方案，这是新媒介

---

① 王川：《未来快费品整合营销模型》，《现代广告》2013 年第 18 期
② 肯特·沃泰姆、伊恩·芬威克：《奥美的数字营销观点——新媒体与数字营销指南》，中信出版社 2008 年版，第 38 页

环境下品牌营销必须面对的问题。基于数字节点传播各种有利于用户主动获取、便捷聚合的信息，真正建立以用户为核心的品牌供应网络，这是品牌营销模式转换的关键。

三、品牌节点类型及其优势

多种数字媒介都可以成为承载品牌信息的节点形式，根据其在品牌营销中的职能和作用，可以分为三种类型，分别是：中枢节点、外周节点①和扩散节点。（见图6-1）

图6-1 品牌节点类型示意图

中枢节点是品牌自主建立的常规化在线传播和沟通渠道，主要是指企业网站、博客、微博、微信、QQ、天猫旗舰店等。它们是企业进行品牌营销的大本营，是与用户沟通的重要阵地。中枢节点的功能除了进行日常化的营销传播外，还会整合其他各类媒

---

① 节点类型名称的命名方式参照神经系统的功能分类——中枢神经系统和外周神经系统

介传播的品牌信息，一方面确保品牌信息传播效果的最大化，另一方面确保信息内容的统一和完整。而官方网站、微博、微信这几类节点具有更强的信息整合能力，兼具信息传播和沟通职能，是品牌进行节点营销的核心环节，属于核心节点。基于这几个核心节点，既要科学规划主动传播的信息，也要合理处理用户借此渠道反馈的信息，同时要整合其他节点尤其是来自大众媒介营销渠道生成的营销信息。对于中枢节点，品牌方应上升到战略层面来加以规划和布局，需要格外用心经营。

外周节点主要是品牌为实现阶段性目标而花费一定额度的货币成本获取的外部节点形式，主要包括门户网站、视频网站、SNS 网站、微博网站、品牌专区、豆瓣小站等明确标示售卖价格的商业资源。这些常规的营销资源能够按品牌的要求实现一定规模的投放，每种媒介资源所能吸引的用户数量相对来说比较容易衡量，有助于品牌在特定阶段获取预期规模的曝光量。它们是阶段性承载品牌信息的重要节点，品牌方要严格协调这些节点与其核心节点之间的关系，并适时将这些节点激发的注意力导向核心节点。

扩散节点是中枢节点在向外传播信息过程中吸引到的承担二次传播功能的各种节点形式，既包括以数字格式为品牌免费传播信息的各类媒体，也包括主动帮助品牌进行传播的自媒体（We Media），它们在某方面有独特价值并拥有一定数量的粉丝，可以成为品牌传播的有效节点。比如搜狐网在 2014 年年初举办的搜狐World 大会上就明确提出了基于搜狐新闻客户端的以自媒体为媒介，面向其粉丝进行精准传播的移动营销策略。它们并非品牌方严格规划到营销传播进程的节点，但由于品牌自身或品牌活动具有独特吸引力，能够引发其他节点主动传播相关信息。相比于各类媒体来说，自媒体更有可能成为进一步传播品牌信息的节点，更容易承担品牌信息传播的长尾角色，如 SNS 网站、微博、微信中拥有注册账号的用户。通过用户之间的推荐、分享、转发或评论，品牌信息能够扩大传播范围。以 2011 年凡客诚品在官方微博上推出的微视频"挺住意味着一切"（黄晓明为主角），8 小时内转发量超过 12 万，显示出扩散节点促进品牌信息传播的强大能力。有效利用、合理引导这类节点沿着预定的品牌传播轨道补充、延展、扩散信息，进而影响到更大范围的潜在用户（如节点的粉丝人群），这种借助节点的社会关系实施的社会化营销方式已经得到广泛实践。

三类节点都是品牌营销传播体系的有机组成部分，在建立与用户的关联上作用各不相同。品牌若要节点营销发挥更大作用，就应以中枢节点尤其是核心节点为轴心，全面衡量其他各类节点被核心节点整合的程度，充分发挥品牌方便于参与和调控信息传播方向的优势，在货币成本和人力成本之间做出合理调配，提高品牌营销的有效性。

基于中枢节点整合相关节点进行品牌营销，使得品牌方能够直接或间接参与营销，这种区别于以往大众媒介营销的方式，其优势是显而易见的：

首先，能够控制品牌营销进程。当品牌能以节点形式让用户有机会接触，就可以根据信息传播的实际情况灵活做出调整，这能在很大程度上掌控品牌营销的主导权，并随时补充或完善有价值的营销信息。

其次，能够节省营销费用。根据市场反馈及时调整营销策略，覆盖大众媒介营销无法有效到达的空间，对于那些数字媒介渠道的重度使用者而言，节点营销发挥的作用更为明显。

第三，利于积累品牌的数字资产。这是因为品牌进入数字空间后一方面能够提高其知名度，另一方面可以获得品牌关注者和拥护者，这些品牌"粉丝"会即时看到品牌更新的各类信息，由他们主动转发或评论的信息会纳入品牌传播的有机链条，有助于品牌信息在更大范围内传播，实现品牌资产的持续积累。

第四，可以灵活采取多种信息触达手段。无论是一对一、一对多还是多对一的营销方式，都可以根据品牌传播的需求来选择，让信息传播产生效果。

最后，有利于真正实施关系营销。品牌想要与用户产生关联并建立稳固的关系，有赖于基于数字节点建立的及时、高效的互动和沟通机制，这种软性的营销方式会对用户的品牌认知产生潜移默化的影响，吸引更多的用户参与品牌发起的活动，营销效果更有保证。

总之，节点营销有助于缩短营销进程，节省营销费用，提高营销效率，拉近与用户的距离，并实现与用户的常态化沟通，有效弥补了大众媒介营销的不足，代表了未来品牌营销的方向。

四、节点营销的实施要点

品牌通过数字节点直接参与营销过程，这种与大众媒介营销不同的新型营销方式，在实施过程中应着力于以下四个方面。

1. 对品牌的多个营销节点做出合理规划以确保用户体验的统一性

为便于与用户的互动和沟通，品牌官方网站、微博、微信成为目前实施营销的标准配置，是节点营销三个重要的核心节点。微信公众账号的优势在于作为移动终端产品的便捷性，能够随时将品牌信息向用户传播并直接沟通。微博账号的优势在于异质信息的扩散从而扩大品牌的影响范围，并整合与品牌相关的诸多信息，获得广泛人群的关注，借助粉丝的中介作用拓展粉丝网络。官方网站能够全面深入地展示品牌主动传播的信息，整合各种有利于用户品牌认知的相关信息，尤其是在提供可下载的内容上具有无可取代的作用，是节点营销重要的大本营。三个核心节点间的呼应和信息内容间的互补，有助于全面满足用户的不同需求。

2. 与大众媒介营销协同发力

大众媒体长期积累的公信力能够为品牌带来"地位赋予"效应，其核心功能是实现营销信息的广泛告知。传统的大众媒介营销在品牌信息传播上往往是一次性传播，刊播周期结束后受众极少有机会接触。而数字节点则可以为大众媒介营销信息提供"二次传播"的可能性，品牌应将这些在大众媒体上传播的信息进行数字化转换后纳入节点营销的有机链条，进一步放大来自于外周节点信息的价值，使其与品牌中枢节点的信息相互补充，协同发挥作用。尤其是那些强势电视台或报刊的深入报道内容，一旦媒体提供官方链接从而成为品牌传播的数字内容，往往会增强用户对品牌的认知度和认可度。节点营销的优势在于用户能够方便寻址并便捷沟通，要让用户在沟通过程中有信任感和认同感，除了品牌自身的实力外，还需要借助公信力媒体来赋予地位，树立形象，这有利于用户打消疑虑，从而提高沟通效率和效果，优化顾客关系。

3. 塑造品牌个性并与用户深度沟通

在传统媒介环境下，品牌单向传播信息的营销方式以及信息传播的非连贯性，让用户对品牌形象的认知比较模糊，品牌区隔不明显，而传播渠道的激增进一步加剧了品牌传播的碎片化程度。如何强化品牌个性以树立高区隔度的品牌形象，是新媒介环境下品牌营销的重点。发挥品牌官方微博信息整合能力强、沟通渠道顺畅的优势，便于品牌个性的塑造。通过品牌产品介绍、品牌营销和公关活动等信息的传播，以及围绕上述内容与用户之间的即时互动，有利于构建个性鲜明、形象清晰的品牌形象，便于用户的品牌认知。以往的品牌形象给用户的感觉是高高在上且缺乏个性，今天的品牌需要拉近与用户的距离并赋予品牌拟人化的形象，以便用户在与品牌沟通时迅速缩短距离，建立好感。作为计生用品的杜蕾斯品牌利用新媒体即时发布信息的特点，以卖萌、耍贱的方式借势各种热点事件，利用微博账号逐渐建立起呆萌中有一点点坏的小清新形象，大大缩短了与用户的心理距离，赢得了年轻用户的好感。品牌只有了解用户的真实需求后才能真正满足用户，从而建立良性互动的品牌关系。

4. 赋权品牌粉丝以便发挥其有机节点的作用

有价值的品牌都会拥有一部分持续消费品牌产品的拥护者，他们作为品牌的拥趸，是品牌官方账号的核心粉丝。出于对品牌的喜爱，他们更愿意主动向其他人传播品牌信息，因而成为品牌营销的有效资产。同时，一个品牌获得的粉丝数量，也是用户衡量一个品牌价值的参照标准。品牌通过数字节点与用户沟通，并结合用户在各类数字媒介上存储的数据进行分析，能够发现那些真正拥护品牌的铁杆粉丝。通过一定的利益机制，可以将他们转化为品牌信息传播和品牌营销活动链条的有机节点，使其成为主动扩大信息传播范围、拓展粉丝群体的有生力量。

总之，在数字媒介广泛渗透于用户生活圈、工作圈、社交圈的市场环境下，节点营销将成为品牌营销的常规手段，它以日常化沟通实现品牌信息的有效触达，将用户需要知晓的内容自然渗透其中，并能借助品牌粉丝的力量强化品牌影响。这种营销方式如能与大众媒介营销手段有机结合，将发挥更大的作用，产生更大的效能。

第七章

流动性体验

在体验经济时代，数字品牌能以其无往不利的便捷性和无处不在的流动性满足用户的各种需求，"液态化存在"为用户提供多样化的体验，让用户随时随地加入对品牌体验的进程中，巩固其在用户心智中的地位，"液态品牌"更有利于满足用户的个性化需求；那些与品牌相关的内容不间断地在各类媒介上流动，构成持续作用用户的强大"影响流"。

一、体验经济时代下的流动性体验

1. 体验经济概述

"体验"按照"体验经济"概念的提出者——美国学者约瑟夫·派恩和詹姆斯·吉摩尔的理解是这样的：

无论什么时候，当一家公司有意识地以服务为舞台、以商品为道具、使消费者融入其中，这种刚被命名的新产出——"体验"就出现了……企业（我们称之为一个体验策划者）不再仅仅提供商品或服务，而是提供最终的体验，充满感性的力量，给顾客留下难忘的愉悦回忆。从前，所有的经济产出都停留在顾客之外，然而体验在本质上是个人的。体验事实上是——当一个人达到情绪、体力、智力甚至精神的某一水平时，意识中所产生的美好感觉。结果是，任何两个人都不可能得到完全相同的体验，因为任何一种体验，都是某个人本身心智状态与那些事件之间互动的结果。①

在作者看来，人类按时间序列先后经历了四个发展阶段：农业经济、工业经济、服务经济、体验经济，目前我们正处于"体验经济"时代。在这一时代背景下，除了企业提供的产品或服务外，消费者得到的更为重要的是在这个过程中拥有的独属于个人的美好体验，而这种体验，作者认为是一种"互动"的结果。这种结果之所以对消费者来说重要而且难忘，著名经济学者汪丁丁认为是满足了消费者自我实现的需求：

《体验经济时代》的作者第一次让我们看到，现实经济发展已经进入能够普遍地、大规模地满足马斯洛所论的最高需求层次——"自我实现"（self actualization）的阶段。在体验经济中，企业不再生产"初级产品"（commodities），企业成为"舞台的提供者"（stagers），在它们精心制作的舞台上，消费者开始自己的、唯一的、从而值得回忆的表演。在体验经济中，劳动不再是体力的简单支出，劳动成为自我表现和创造体验的机会。②

在这部"体验经济"的奠基性著作中，作者分析了"网际网路"（这是台湾对"互联网"的翻译）在体验经济中的作用，尤

---

① 约瑟夫·派恩、詹姆斯·吉摩尔：《体验经济时代》，台湾经济新潮社2003年版，第45页

② 约瑟夫·派恩、詹姆斯·吉摩尔：《体验经济时代》，台湾经济新潮社2003年版，第334页附录"专文推荐"部分

其是对"大量客制化"（mass customization）的作用。毫无疑问，体验经济时代的数字媒介在推动产业化转型过程中扮演着重要的角色，这是因为互联网已经成为推动社会有序运行的基本操作系统，数字媒介毫无疑问扮演着加速引擎的角色。通过数字媒介，用户可以自主选择那些能够满足实际需求的品牌，自由体验与品牌连接的形式和内容，充分享受品牌提供的产品或服务带来的美妙感觉，追求马斯洛所说的终极需求——自我实现。在这一背景下，品牌之间的竞争必然升级。有论者认为，在体验的视角下，"顾客体验品牌化"将为用户带来更大价值，是企业参与未来竞争的方向。① 这意味着品牌要在与用户连接和互动的每一个环节上都要突显自身的特色，在每一个接触点上都带给用户独特、统一的体验。当品牌之间的竞争已变得无处不在，面向用户的营销也变得无时不在并随着新环境的变化而不断升级，由以往的整合营销变为统合营销。"在数字营销的时代里，企业必须超越整合并寻找营销中的统合。这两者的差异在于，整合营销专注于追求广告信息的一致性，统合营销（unified marketing）则更关注消费者体验的连续性。消费者并不关心品牌形象的整合，他们更在意自己的个人信息、喜好与需求是否被营销人所察觉，特别是那些忠实消费者。"② 这是全球知名营销服务公司群邑集团的专业观点，具有普遍的代表性和相当的说服力。给予用户连续性体验，这是更具挑战性的工作。在品牌接触用户的渠道和媒介日益碎片

① 肖恩·史密斯、乔·惠勒：《顾客体验品牌化》，机械工业出版社 2004 年版
② 肯特·沃泰姆、伊恩·芬威克：《奥美的数字营销观点——新媒体与数字营销指南》，中信出版社 2008 年版，第 38 页

化的时代趋势下，能够为用户提供流动性体验是品牌应对碎片化挑战造成沟通不畅的必然选择。

2. "流动性体验"概念界定

所谓流动性体验，就是在用户接触品牌的每一个接触点上，都能够获得流畅且统一的体验，让用户感觉品牌无处不在而又恰到好处，给用户带来独特的感受和难忘的记忆。在群邑集团看来，在品牌传播过程中，那些与品牌相关的内容就像液体一样，能够根据每一个用户的不同需求，注入用户的认知池中，群邑集团称这类内容为"液态内容"，即"根据不同渠道和媒体的格式，随时调整推广方式，每个内容版本都可以应对一个不同的任务，并且具备足够的吸引力供消费者互相传递。"[①] 物体呈现液态是其得以流动的前提。当越来越多的内容以液态的形态呈现，就可以流动起来，从而给予用户"流动性"的品牌体验方式。这种无时无处不在的内容能够快速响应用户的需求，根据用户的需要提供相应的内容。真正满足用户需要的品牌一定是以用户为核心将信息汇聚于用户方便获取的范围内。在用户可选择的品牌越来越多样化而用户对事物的感知越来越趋于感性化、用于做出判断的信息传播载体越来越碎片化的当下，用户感知到的品牌内容远比品牌本身是什么更重要，因此，品牌千方百计为用户提供流动性体验，变得越来越重要。

事实上，"流动性"越来越成为我们所处时代的基本特征，并成为我们这个时代空间存在的基本形态。"在他（注：卡斯特）

---

① 李倩玲等：《转向：无界限传播你做主——群邑论后大众传播时代制胜的营销策略》，中信出版社 2011 年版，第 84 页

看来，当代社会是围绕着流动而建构起来的，流动成为所有事物的基本特征，也是其最终宿命，'流动不仅是社会组织里的一个要素，流动还是支配了我们的经济、政治和象征生活之过程的表现'。在全球化和信息化背景下，在资本流动、信息流动、组织流动、技术流动、符号流动等各种'流'的作用下，一种以流动为主要特性的新空间形态产生了，卡斯特将这种新空间形态称为流动空间。"① "空间的流动性"作为一个哲学命题广泛适用于各个领域，以物质载体为依托、以信息和符号形态存在的品牌无疑也应视"流动"为常态，对品牌体验的设计也应以动态、流动为基本着眼点。

著名互联网思想家凯文·凯利从网络世界中信息和内容传输角度阐发了类似的观点。在《必然》这本预测互联网驱动人类的未来趋势的专著里，他认为人类社会正处于计算的第三个阶段，"今天，最基本的单位是'流'（flows）和'信息流'（streams）。我们持续不断地监视推特和脸谱上的信息流。我们观看流媒体视频，收听流媒体音乐。电视屏幕最下方是不断流动的新闻滚动条……我们沐浴在通知和更新组成的信息流中。我们的 App 也在更新流中不断改善。标签取代了链接，我们在信息流中标注、点赞、收藏不同的时刻。某些 Snapchat 和 WhatApp 这样的信息流甚至完全活在当下，没有过去和未来。它们只是流向了过去。如果你想再看一眼什么东西，还是算了吧，它消失了。"② 凯文·凯利

---

① 刘涛、杨友庆：《社会化媒体与空间的社会化生产——卡斯特"流动空间思想"的当代阐释》，《文艺理论与批评》2014 年第 2 期
② ［美］凯文·凯利：《必然》，电子工业出版社 2016 年版，第 65 – 66 页

的洞见在于，在互联网构筑的世界里，一切都活在当下，尤其是对于日益感性消费的用户而言，能够即时提供促动消费的信息变得更为重要。在一定的品牌积累基础上，在用户认知品牌的体验过程中提供有效流动的信息，对于促动用户做出选择决策变得越来越重要。

上述观点对于理解"品牌是液态存在的"这个命题也是很有帮助的。在传统媒体成为塑造品牌形象的主导工具时代，借助那些在信息传播系统中有较高影响力的大众传播媒介，品牌在普通大众心目中会形成基本一致的形象，如饮料品牌"农夫山泉"是"有点甜"的，手机品牌"诺基亚"是"耐用"的，汽车品牌"沃尔沃"是"安全"的，等等，大众传播媒介的单向宣传成为消费者体验品牌的主要形式。当消费者面对如何做出品牌选择的问题时，便会因集体无意识的作用潜移默化接受了大众媒介赋予的形象，在体验上似乎没有什么区别。同时，企业在信息传播渠道的把控上也有较大的主动权，消费者不容易了解更多与品牌相关的信息，企业付出一定的成本就能在消费者心目中建立起品牌承诺和品牌价值较为统一的品牌形象，这样的品牌可以说是"固态"的。但今天的媒介环境日益碎片化，企业已很难找到有广泛传播能力且对大众具有普遍影响力的媒介渠道，而消费者又有足够多的渠道了解与品牌相关的各种信息。当企业失去对影响消费者认知品牌的传播渠道的有效控制时，固态品牌存在的基础被打破。每个消费者都会选择从不同渠道获得各种与品牌相关的信息，没有两个消费者会在头脑中形成完全一致的品牌形象，同时又会有与品牌相关的新信息源源不断地进入用户的认知池中，随时会改变品牌在用户心目中的形象。因此，数字媒介环境中的品牌绝非是一种固态化的存在形态，更多情况下是以液态化的形式展现在用户面前，这必然带来用户体验品牌方式的变化。

美国学者贝恩特·施密特围绕"根据接触点追踪顾客体验"提出了这样的观点：在接触点上追踪顾客体验的主要目标是通过学者所说的"顾客做决定的过程"去理解如何丰富顾客体验。这一过程从认识产品需要开始，之后随着信息收集、信息过滤、信息选择，在购买中达到顶点。购买后，顾客使用产品，最后购买新产品，可能是相同品牌、相同产品或新品类的产品，并在购买新产品之前弃置旧产品。决定过程的每一个阶段，都提供了顾客的接触点，在每一个接触点上，都很值得去发现顾客不仅需要什么信息，而且也需要了解他们希望什么样的体验。① 可见，品牌与用户的接触点分布广泛，要想给用户以流畅、统一、美好的体验，需要全面分析用户可能与品牌进行接触的各个环节，并有针对性地加以设计，从整体上确保品牌价值的有效传递。

流动性体验是用户对品牌非实体内容的感受，它存在于用户与和品牌相关的信息接触和认知的过程中，需要调动用户的思维、联想和情感，在意识中形成对品牌的感知。在传统媒体环境下这主要由各种类型的广告帮助品牌传播给消费者。在今天的传播环境下，品牌有更为多样化的渠道在用户的认知空间里出现，尤其是那些打破中介渠道直接与用户建立连接关系的渠道，将与品牌相关的信息流向用户，对用户产生综合影响。

---

① ［美］贝恩特·施密特：《顾客体验管理——实施体验经济的工具》，机械工业出版社 2004 年版

3. 品牌体验流促进品牌影响流

体验是用户对品牌不同侧面的接触和感受，而每一次与品牌的相遇都会产生有关该品牌的信息，这些信息通过各种感官存储于用户的大脑皮层，在综合作用机制下逐渐会形成该品牌的用户认知形象，对用户选择该品牌产生潜移默化的影响。在信息泛滥、用户在无限丰富的品牌丛林中偏向于感性消费的时代趋势下，世界知名物理学家约翰·惠勒"万物源于比特"的观点越来越显示出其合理性的价值。这个曾经发明"黑洞"术语的科学家经过深入考察认为，世界的本质既不是物质，也不是能量，而是比特。物体与物体、人和人之间之所以会有差别，就是用于区别不同物体和人的信息的差异。构成物种基础的 DNA，其基本要素都是一样的，之所以每个生命个体彼此有差异，就在于信息的排列组合方式有区别。这一全新的认识论确实惊世骇俗，颠覆了我们长久以来形成的认知习惯。这一认识论套在对品牌的认知上，确实存在合理成分。用通俗的说法就是：用户认知到的事实远比事实本身重要。品牌本身是什么固然重要，但更重要的是品牌通过不同载体传递的信息综合作用于用户感官的内容，这些内容让用户体验到的是什么，决定了用户的品牌认知。

以往品牌向用户传递信息的主要方式是通过广告传递营销信息，用各种铺天盖地的广告告诉用户的品牌价值，当数字媒介出现后，又将信息渠道扩展到新的介质形式上。这种品牌信息传播的有效性是建立在渠道稀缺的基础上，当渠道变得唾手可得而又无所不在时，渠道对于品牌信息传播的价值会大打折扣：用户不会因为品牌传播的信息多而接受得更多，品牌要真正产生对用户

的影响力，需要改变以往的传播策略，重新思考如何进入用户的
选择菜单。相比于无限增多的品牌及其海量传递的信息而言，用
户用于接收、处理、储存、回应信息的中枢器官——大脑，确实
难以承受如此规模的信息刺激。世界知名营销专家、"定位"理
论的发明者杰克·特劳特在《新定位》中从"思维机制"角度做
出这样的描述："我觉得，人们正在屏蔽越来越多的信息，这是
抵御信息潮暴涨的一种自我防卫机制。这意味着，你的商业尝试
是否成功，将取决于你如何理解大脑在定位过程中的 5 个至关重
要的思维机制：有限的大脑；憎恨混乱的大脑；不牢靠的大脑；
顽固的大脑；丧失焦点的大脑"。[①] 任何信息想被人记忆，都必须
经过大脑这个"容量控制器"。通常情况下，如果不刻意重复记
忆，大多数人短时间内只能将 7 个信息保存在大脑里，这就是广
为接受的"7 的法则"。这就意味着第八个品牌再想进入用户的大
脑就非常困难。在大量信息的轰炸下，用户出于躲避干扰而逐渐
构建起"信息屏障"，用于弹射如箭矢般纷至沓来的各类信息，
这是日本电通公司发现的用户防御品牌信息干扰的心理机制。品
牌在前数字时代以固态化信息狂轰滥炸的"整合营销"方式注定
要遭遇困境，数字时代则提倡以液态化信息柔性浸润用户，让具
备势能的品牌信息水银泻地般找到用户的需求"洼地"，自然而
然地注入用户的品牌认知池中，围绕用户达成体验一致性的"统
合营销"效果，在为用户提供流动性体验中强化影响力，即尽可
能地将品牌体验流转换成品牌影响流，在用户与品牌的任何接触

---

① 杰克·特劳特、史蒂夫·里夫金：《新定位：定位战略的新进展》，中国人
民大学出版社 2014 年版，第 9 页

点上都对用户产生有效的影响，这才是聪明且有效的品牌传播方式。

　　苹果公司为人称道的不仅仅是领先于时代的产品理念和充满设计感的高品质产品，同时还在于无所不在的用户体验设计。在其他公司只是将专卖店作为销售终端来看待的年代，苹果公司却将专卖店定位为体验店，那些对通讯和娱乐产品感兴趣的用户一进到苹果专卖店，就会受到对苹果手机、电脑、iPad 非常了解的店员的热情招待，带用户进入美妙的数字世界。用户可以随意使用甚至拆开数字设备以深层次了解苹果品牌名下的各种产品，买不买产品都没关系，苹果公司只想给用户最好的体验。在苹果公司看来，只要给用户美好的体验，认可品牌价值的用户不但迟早会成为自己的用户，而且会将从这种体验中获得的好感传递给更多用户。"好产品本身会说话"，那些对苹果品牌认可的用户会将好口碑自发传递给更多人。而苹果公司首创的"苹果商店"（Apple Store）模式，将无限丰富的数字化产品和应用程序汇聚在虚拟商店中供用户自主选择，为用户提供"所见即所得"的独特体验，这一全新的体验方式带给用户的是前所未有的满足感，用户在与系统的互动中获得创造性的发现，从而产生情感的愉悦，这正是体验经济的精妙之处所在。

　　从苹果品牌的成功经验可以看出，品牌要为用户带来流动性体验是有条件的，至少不能像前数字时代那样以干扰式广告的形式单向灌输，而是要调动用户的能动性主动与品牌建立关联，寻找更多体验品牌的机会。概而言之，流动性体验实现的途径主要有两个方面：品牌自身的势能和用户提供的动能。

二、品牌势能与用户动能的效能叠加

1. 品牌势能加速体验的流动性

并不是所有的品牌都具有吸引用户主动参与体验的能力，就像不是每个人都有吸引别人关注并点赞的能力一样。这种产生吸引力的能力反映的是品牌具备的能量，这种能量就像高山上奔流而下的大瀑布，不但有激荡人心的气势，而且可以转化为电能驱动各种机械装置，这种能量就是势能。势能（或称为重力势能）作为物理学术语，指的是当一个物体处在一个位置，相对于参照平面重力可以对物体做多少功，使物体获得多少其他形式的能量，就说重力势能是多少。山相比于地面的位置越高，从山上倾泻而下的瀑布势能就越大，不但能产生更多的电能，而且能吸引更多人传播口碑，连诗仙李白都愿意为瀑布传美名——"飞流直下三千尺，疑是银河落九天"，这是何等的气派和能量！品牌也是一样，在一个品类中，作为首创品牌或表现出色的品牌，通常能占据一定的竞争优势，吸引比其他品牌更多的用户关注。苹果手机作为智能手机的开创品牌在全球范围内取得成功自不必说，小米手机由于在移动时代来临之际率先在高性价比智能手机领域布局，因而在年轻群体中获得了较高的认可度，一度成为年度出货量最大的手机品牌。小米手机品牌势能的获得不是倚靠铺天盖地的广告，而是通过在开发软件过程中与用户深度互动而沉淀下来的用户的自发支持，这些数以万计钟情于小米公司的用户不离不弃的支持，让小米手机在进行产品开发时有极为明确的功能定位和销售路径，借助"让用户尖叫"的口碑效应推高了品牌在市

场中的地位，再加上对微博、微信等自营媒介渠道充分而高效的利用，让品牌迅速站稳脚跟并向相关领域拓展，这种超高能量超越了品牌成长的常规轨迹，是一般的手机品牌无法比拟的。直到小米手机在行业内已有一定的知名度，公司才在成立几年后开始通过电视广告宣传以巩固用户对品牌的认知，这种品牌宣传的方式也属于非常规打法，非一般品牌能够做到，这说明小米手机品牌势能已进入高速上升通道，在品牌经营上有较高的自由度。

如何让品牌拥有更大的势能？产品质量、品牌知名度、利益相关方支持程度和用户规模及黏性应该是衡量品牌势能的主要指标。

产品质量。这是品牌得以存在的基础，拥有所在品类平均水准以上的产品质量才有可能吸引用户购买。

品牌知名度。当用户对某一品类的产品有需求时，具有一定知名度的品牌能降低用户的选择成本，更有可能唤起用户的购买欲望。

利益相关方支持程度。主要是指产业上下游对品牌方的支持，如投资商、品牌合作方。许多初创品牌对外传播往往将融资额度作为首选指标，就是以吸引投资商的能力作为对外炫耀的资本，这也成为外界看待该品牌实力及未来潜力较为可靠的指标。合作品牌的数量及其实力，能在一定程度上反映行业对该品牌的重视程度。

用户规模及黏性。用户是衡量品牌价值的核心指标，用户多说明品牌汇聚的人气旺，持续增加的用户或同一用户持续购买该品牌的产品，为品牌提供源源不断的能量。用户愿意长时间黏附在品牌周围，说明品牌有过人之处，这是品牌忠诚度的重要指标，黏性越大，忠诚度越高，品牌发展的势能越充足，发展势头越好。

在上述几项指标上如都有较好的表现，说明品牌拥有较好的内外部发展条件，在与其他品牌竞争中具备一定的优势。说到底，势能强大的品牌具有较高的溢出效应，好比自带光环的修行者，总能获得比其他品牌更多的关注度，让用户主动与品牌建立连接关系，增加用户体验品牌的机会。在数字世界的广阔空间里，有一定识别度的品牌才有可能在用户的头脑中形成认知。当用户进行搜索或查找时，具备更高势能的品牌无论以什么载体作为媒介，都会比其他品牌获得更多与用户建立连接的机会，如借助 APP、公关稿、微视频、公众号或用户口碑等流动在数字空间中的"微内容"，它们就像涓涓细流一样，在用户需要的时候能够无障碍地出现在用户身边，一个个看似不起眼的体验流逐渐汇聚成左右用户决策的影响流，为品牌增添新的能量。品牌势能越大，意味着能够满足用户需求的内容越丰富，越能够加速用户体验的流动性，将用户越来越近地拉向品牌。

2. 用户动能促进体验的共情化

在提高品牌势能的几项指标中，用户规模和黏性是变数最大且最不易控制的变量，也是在数字时代最需要用心经营的环节。

以往品牌扩大用户规模、提高用户黏性的措施往往以品牌方为核心，以广告投放和奖品刺激来吸引用户的关注和参与，将品牌建设和管理视为企业的单边业务。其结果是，一旦广告投放下降、没有奖品刺激，用户往往一哄而散，用户对品牌的体验是片段的、零散的，难以持久，更难以深入人心。采取这种方式的前提是视品牌为企业所独有，品牌是封闭的体系，企业主导品牌的发展走向，故所有的与品牌建设相关的环节都由企业来策划和实施。这种传统甚至过时的品牌观念，无法适应当下品牌构建的实际情况。事实上，今天的品牌离开用户的参与，将无法真正赢得市场，获得长远的发展空间。在用户拥有足够丰富的信息渠道和广泛选择空间的今天，致力于建设开放的品牌并调动用户参与品牌建设，才可能拥有更为广阔的发展空间。尤其对于品牌体验而言，想让用户主动参与对品牌的体验，单靠企业利用各种手段单方面拉动很难奏效，需要发动用户并利用用户之间的关系"推动"用户主动体验品牌，因为这种对品牌的体验是一种共情化的体验，用户发挥自身的能动性产生的能量，是更为有效的推动力。

"共情"（Empathy）是美国人本主义心理学家罗杰斯（C. Rogers）在他的"来访者中心疗法"理论中提出的概念，也叫共感、同感、移情、同理心。通俗地说，就是用别人的眼睛看世界，能设身处地去体会当事人的内心感受，达到对当事人境况的心领神会。品牌营销的目的，在很大程度上就是为了达到用户与品牌之间的共情，让消费者对品牌想传达的内涵和承诺等隐性要素感同身受。但事实上这种效果是很难达到的，原因是买方和卖方处于利益链条的两端，作为卖方的品牌方在向作为买方的用户传播信息时，必然会被视作兜售商品的"说客"，信息的可信度大打折扣。相反，如果能够让消费者主动帮品牌做传播，效果就会大为不同。小米品牌深得其道，公司副总裁黎万强在其总结品牌成功之道的专著《参与感》里，就明确将小米品牌视为"消费者品牌"。同样，创始人雷军对小米品牌成功秘诀总结的重要一条就是"口碑"，就是将用户作为传播品牌理念和价值观的最佳载体，充分授权品牌的铁杆用户代为沟通，让这部分用户在与品牌达成共情之后，以人际传播渠道触发更长的"共情"传播链条，借助品牌社群的组织形式，吸引更多的用户参与品牌体验，或将其他用户的体验在信任机制的作用下传导给更多用户。除了强化线上的共情化体验外，小米品牌还通过"米粉节"（专门为小米品牌粉丝设置的节日）召集粉丝线下聚会庆祝的形式，给用户以更为真实、深入的体验。深度参与其中的用户在各自的圈子里将所体验和感受的内容广为发布，会吸引更多的用户参与品牌体验环节。从 2015 年开始，小米公司不遗余力推进的"小米之家"拓展计划，就是希望通过线下实体店优化用户的体验，让用户方便地了解小米生态链产品的更多细节，巩固用户对小米品牌的情感依赖，增强共情效果。2017 年上半年"小米之家"在全国各地开设超过 100 家体验店，已取得了预期的效果。

有着超过 120 年历史的可口可乐公司在促进用户体验共情化上，近几年也是奇招频出。为推进公司制定的"流动性传播和策略性连接"战略①，可口可乐在澳大利亚等英语文化国家推广"分享可口可乐"计划后，2013 年实施的"昵称瓶"、2014 年推出的"歌词瓶"以及 2015 年策划的"台词瓶"等，核心创意就

---

① 这是可口可乐全球在 2009 年制定的"2020 战略"，即用十年的时间，让品牌在 120 多年时间内创造的规模实现翻番，从每天供应 16 亿瓶可口可乐产品增至超过 30 亿瓶。

是"把包装变成自媒体，把产品社交化"，让能触发富有活力且乐于进行社交分享的用户作为传播载体，让负载在可口可乐瓶身上的通俗文化能够最大范围实现自传播。分享可口可乐策略的成功实施，抓住的就是年轻群体类似的心理需求，用流行文化激发用户的共情心理，让每一个愿意用昵称表现个性、用歌词表达情感或用影视剧流行台词拉近距离的用户，成为有效触发更多用户接近品牌的"催化剂"。调动用户的能动性，使其发挥自身的能量，启动连锁反应链条，这样就能以极低的成本获得最大化的收益。

三、用 IP 化品牌加速体验的流动性

强势品牌与一般品牌相比，能够凭借其在用户心智中占据的优势地位，持续获得用户的关注，进而产生更多的品牌联想，降低用户的选择成本，促使用户在体验和购买时有更多的倾向性。一个在用户心中占有一定位置的品牌，必然会形成品牌独有的 IP，并以其独特性为用户提供与众不同的体验。

IP 的英文名称是 Intellectual Property，即知识产权或创意产权，本是一个专业性很强的词汇，现在却成为一个流行语汇，泛指能够持续进行开发以吸引更多消费的内容或品牌符号。场景实验室创始人、《罗辑思维》联合创始人吴声在总结大量文化创意领域案例的基础上，做出了这样的判断：移动互联构建了这个加速度时代，信息过剩而注意力必定稀缺，从而造就 IP 化表达，并使 IP 成为新的连接符号和话语体系。从影视、游戏、动漫的泛娱乐表达，进而扩展为新商业模式的进阶与组成要素，乃至成为不

同行业基于互联网的连接方法，IP 以独特的中国速度成长，甚至尚未开始就已泛滥，这是一个充满暧昧的流行关键词。① 在吴声看来，只做一般的 IP 价值不大，应该致力于打造超级 IP，即有内容力和自流量的魅力人格。"超级 IP 具备独特的内容能力、自带话题的势能价值、持续的人格化演绎、新技术的整合利用和更有效率的流量变现能力等特征。"② 吴声的专业观点对于我们认识今天基于数字媒介的新型品牌有很大的启发意义。

所谓魅力人格，就是让品牌有足够的区分度，让用户在与品牌进行沟通和交流时能够感受到类似于人的性格和温度。这一概念最初是由"罗辑思维"创始人罗振宇提出来的，并通过他操刀主持《罗辑思维》节目和在不同场合对这一个概念的强化而得到很多人的认可和支持，他就是以打造魅力人格体为品牌运作的核心，让"罗辑思维"成为最具有识别度的数字品牌。

"罗辑思维"品牌自创建以来，以多种便捷渠道和多层次的互动方式为用户提供随处可与其建立连接的体验形式，如每天早上固定时间、固定时长（60 秒的语音）推送、每周（现在是工作日每天）一期的音视频节目、随时可以和品牌进行互动的罗辑思维 App 以及线下大型跨年演讲。尤其是 2016 年下半年开始推出的"得到"App，以"知识运营商"为核心定位，全面服务于互联网时代勤于思考且希望快速充电的知识青年群体。可以说，"罗辑思维"的品牌定位在经过几年的尝试、探索后逐渐明确了品牌的主打方向，并能以用户为核心，不断拓展对用户的服务层

---

① 吴声：《超级 IP：互联网新物种方法论》，中信出版社 2016 年版，第 1 页
② 吴声：《超级 IP：互联网新物种方法论》，中信出版社 2016 年版，第 2 页

次和水平，无疑是以罗振宇为核心成长起来的超级IP。在品牌进步的过程中，用户因对品牌的认可而对品牌有更深层次、更广范围的体验。当品牌有明确且独特的IP目标后，持续释放有吸引力的内容以增强用户与品牌进行连接的愿望，而每一次连接都是一种体验。这种体验不但能增加对品牌的认知，而且能将对品牌的认可以浏览、点赞、转发、推荐等形式让本属于自身的体验向更大范围传播，促进并加速了体验流向影响流的正向转化，这对于品牌而言无疑是最大的福音。

用户投注在品牌上的能量总体是恒定的，品牌之间的竞争就是能量此消彼长的过程，而用户对品牌的每一次体验都是能量增加或减少的过程。有志于打造超级IP的品牌，应该借助数字媒介为用户提供流动性体验的每个环节，让每一次体验都能为品牌增加势能，并通过用户之间的关联注入新的动能。有了这样的战略规划，品牌的能量就会持续增加，让品牌变得越来越强势，越来越有竞争力。这需要科学、合理的规划设计能力，还需要准确、到位的执行能力，更需要针对品牌竞争态势做出正确判断的洞察力和理解力，这才是今天的品牌需要面对的真正挑战。

第八章

智能化生态

数字品牌孕育于万物互联的网络中，能够随时感知环境的变化和用户的需求，不断提高智能水平。构建随用户需求不断完善的生态世界，并将有共同价值观念的产品和品牌纳入生态链条，构筑起智能水平不断提高的智能生态平台，全面提高平台整体为用户提供解决方案的能力，每一个品牌的竞争力必然随之提高。

在用户主权意识日益高涨的今天，有多种选择的用户对品牌的要求越来越高。以往建立在工业经济基础上的商业模式，逐渐受到市场的质疑。这种模式是以商品主导逻辑的思路进行市场运作，品牌将商品一次性售卖作为与用户关系的终极目标。但随着苹果、华为以及更多商品质量高同时在用户服务方面做得出色的品牌不断涌现，一种新的更具竞争力的品牌运作逻辑逐渐得到认可，这就是服务主导逻辑，即将商品作为与用户建立连接的载体，通过更多的持续性服务为用户提供超出商品本身的价值；用户购买商品只是品牌与用户发生更多关系的基础，服务会不断强化双方的关系，进而促进用户与品牌发生更多的交易，为双方带来更多价值。而品牌要想持续为用户提供更多的服务，必须有办法了解用户的更多需求和真实期待，预测用户未来的消费方向，而这绝不是传统品牌能够做到的。这需要品牌将自己变得越来越智能，通过相关技术手段将自己升级为能够探测用户真实需求的强大品牌，这就是品牌进化的方向——智能品牌。

一、智能品牌及其生成方式

1. 智能品牌定义

智能就是智慧和能力，是指对客观事物进行合理分析、判断及有目的地行动和有效地处理周围环境事宜的综合能力。按照青蛙设计公司市场与营销副总裁蒂姆·雷贝勒希的理解，智能系统可以自我管理，内嵌有反馈机制，并能持续认知自身来适应周围环境变化。它们善于描述和分析情境，并能根据现有数据做出预测性和适应性的决策，并有效实施。[1] 品牌获得智能，与品牌自身作为消费品不断自我更新有关，但更重要的是能够感知市场环境的改变以及用户需求的变化，不断进行适应时代发展趋势的功能完善和服务升级，让用户持续获得品牌提供的价值，成为"懂得"用户的产品供应者和服务提供者。具备智能的品牌与传统品牌相比具有明显的优势：

了解用户需求并不断进化、迭代、发展；

能够根据时代需要提前布局；

能够预测品类发展方向，引领时代潮流；

---

[1]　蒂姆·雷贝勒希：《互联时代的智能品牌》，《市场营销（实务版）》2011 年第 9 期

强调为用户提供解决方案的功能定位。

当品牌具备了上述优点，就会成为用户难以舍弃的生活助手，并随着智能水平的提高，帮助"主人"打理日常生活，甚至有可能具有人类的性格，形成吴声、罗振宇等人所说的"魅力人格体"品牌，这无疑会大大提高用户对品牌的依赖度，提升品牌价值，延长品牌生命周期，增加品牌在情感价值和自我实现价值方面的比重，这要比那些还停留在为用户提供功能性价值层次的品牌有更大的吸引力和竞争力，获得更大的生存空间。数字品牌具备超越一般品牌的智慧和能力，是近年来才出现的现象，是多种因素共同作用的结果。

2. 品牌智能生成方式

绝大多数品牌自身是无智能可言的，品牌要获得智能，需要多种因素共同促进才能变得越来越有智慧。

（1）软硬件的智能化

智能水平的提高首先要有能够探测市场环境和用户需求的"探测仪"，这就是近年来呈现出勃勃生机的智能技术和设备，软件和硬件的智能化提高了品牌的智能水平。

人们对软件智能的认识是从搜索引擎开始的。搜索引擎被美国先锋杂志《连线》资深编辑约翰·巴特利称为"人类意图的数据库"，当数量庞大的用户不断将自己的意图通过搜索框键入关键词的方式表达出来后，搜索引擎就会对人类的信息需求有更为准确的判断，持续不断地优化搜索结果，将更符合用户需要的结果以最快的速度提供给用户。亚马逊等在线书店则能根据大量用户的图书搜索行为，判断图书的流行趋势。当用户进行搜索时，亚马逊就会将用户当下需要和可能需要的同类书籍推荐给用户，这种高度匹配用户需求的能力就是机器智能，它是通过复杂的计算将最为简单的结果呈现给用户，亚马逊无疑是具备初步智能的图书销售服务品牌。

随着"智能手机"等一系列智能终端走进普通用户的生活，大量智能硬件开始为公众所熟知，越来越多能够感知、执行甚至预判用户指令的硬件成为我们的生活助手，发挥越来越大的作用。据推测，未来几年将会有超过 50 亿个设备被连接在一起，其中包括大量的智能终端设备。"Gartner 预测，到 2020 年全球将拥有 260 亿物联网设备，其中智能手机、平板电脑及 PC 只占到总数的三分之一。无人机、汽车、家电等将成为下一拨计算革命的重点，人们希望它们能够相互协作，变得更加自动化。"① 麦肯锡全球研究院在 2017 年年初预测的数据与此类似，届时联网设备的数量将是全球人口总量的三倍②，它们能随时满足人类的各种需求。按照麦克卢汉"媒介是人类感官延伸"的观点，未来的智能终端都会具备人体感觉器官的功能，如触觉、听觉、视觉、味觉、嗅觉等，借助智能终端的"人机界面"，人类会将更多的需求交给智能设备处理。"通过这些输入技术得到的信息，将进入一个'智能核'。这个智能核包括两个方面的功能：一个是分析功能，即对于获得的大量信息和数据进行分析，这里不光是用到'大数据'的分析技术，而且还用到'情绪计算'，即可以分析出

---

① 《视觉技术可以像大脑一样》，《第一财经周刊》2015 年 7 月 27 日刊
② 数据来源：麦肯锡全球研究院院长华强森于 2017 年 1 月在第二届新经济智库大会上发布的《数字革命新浪潮》（the New Wave of Digital Disruption）。

一个人的情绪如何；另一个是具备学习能力，包含机器学习、机器翻译、知识控制、行为控制等等。"① 品牌就像有感知能力的生物体，那些与品牌建立连接的智能终端就像具有信息输入功能的神经末梢，源源不断地为品牌实时提供有助于判断外界变化的信息供品牌做出决策。当一个品牌借助各种智能终端随时能够获得大量用户主动发送或智能设备主动探测的相关信息时，就能了解用户真实的生理或心理状态，了解用户可能向品牌提出的新需求，从而根据需要及时提供新产品或新功能，为用户提供超出预期的工作、生活解决方案，而不仅仅提供满足某项单一需求的产品或服务。

（2）社群共意形成社会化智能

品牌获得智能的渠道不仅是那些日益广泛分布的智能终端设备，在社会化媒体日益丰富的今天，品牌有更为直接和有效的智能提升渠道——品牌社群，可以通过对社群成员的信息反馈和成员间的互动活动，更为直接地获得有价值的信息和有明确指向的需求，通过社群形成的集体共意来确定品牌的发展方向。这些愿意参与社群互动的成员就像活跃的神经元，不但自身能产生信息，而且能将与其他成员互动生成的信息传导给品牌，这些跳动的神经元对于品牌感知、判断发展方向具有更大的价值。

当借助各种数字终端连接起来的用户愿意围绕品牌开展相关活动、参与品牌建设时，品牌社群就开始运作了。当用户认可品牌价值观并使用品牌产品（或服务）后，以某种固定的形式将用

---

① 张臣雄：《具有感官功能的智能终端》，《商业价值》2015 第 5 期

户连接在一起，与品牌相关的各种信息汇集起来，就会成为品牌
如何更好发展的最有价值的依据，为品牌决策提供理性参照，变
成品牌智慧。这种智慧不是品牌倚靠自身产生的，而是在品牌与
用户、用户与用户之间的广泛互动中产生的，因而是一种社会化
的智能。青蛙设计公司市场与营销副总裁蒂姆·雷贝勒希对此作
了词源考证，他说：英文中智能这个词"intelligent"来源于拉丁
文的"intelligere"，从字面上可直译为"连接"。从最广泛的定义
看，社会智能是一种"和大多数人沟通的能力。① 品牌是否愿意
与用户沟通，是否有办法搭建顺利沟通的渠道以了解用户的真实
想法和需求，确实考验着品牌的智商甚至是情商。

　　传统的品牌为用户间建立连接关系的方式是举行线下聚会活
动，比如以品牌建立的重要日期作为纪念日举办品牌日或其他形
式的聚会，让用户在一起狂欢。歌星、影视明星的粉丝见面活动
就是典型的聚会活动，作为品牌核心要素的明星以此来与粉丝联
络感情，粉丝之间也会有层次不同的互动。一些消费品牌也会以
类似的形式巩固与用户的关系，比如小米品牌每年都会举行"米
粉节"，为小米品牌的粉丝创造近距离接触品牌企业或核心人物
的机会。每次"米粉节"的召开，对于那些钟情于品牌的用户来
说都是盛大的节日，小米公司也会为用户与公司高层、工程师以
及用户之间的沟通、联络创造更多机会，每一次的线下活动都会
进一步增强品牌与用户之间的关系，让品牌更进一步了解用户对
品牌的期待和需求。之所以能够有这样好的效果，是因为在此之

---

① 蒂姆·雷贝勒希：《互联时代的智能品牌》，《市场营销（实务版）》2011 年
　　第 9 期

前小米品牌有非常明确的社群化运营的战略部署，早在小米品牌
建立之前就已经通过论坛、微博等社会化媒体与用户建立起了广
泛的联系，为用户提供了便利的互动沟通渠道。产品的每一次更
新迭代，都吸收了用户大量有价值的反馈信息，甚至会为忠实用
户提供试用机深度获取用户的真实反馈，作为品牌进一步发展、
完善的关键依据。在所有品牌中，小米第一个将自己明确定位为
"用户的品牌"，即以用户为核心、以用户需求为旨归，将用户的
"参与性"作为打造品牌的关键环节。这种参与不仅是用户直接
面向品牌方提供的信息反馈，还有用户在论坛、微博、微信等社
群里自发讨论生成的有价值信息。正是借助各种社会化媒体与用
户零距离、频繁地进行信息交互，让品牌能够在第一时间获得用
于决策管理的各种有价值的信息，从而更智慧地进行市场化运
作，持续不断地生成品牌健康发展所需的社会化智能。如果品牌
足够开放，通过调动用户广泛参与产生的群体智慧可能会超过品
牌方或借助有组织的外界力量（如广告公司）形成的智力水平，
就像蜂群一样，每个个体的行为看似杂乱无章，但凭借群体成员
汇集起来的智慧，能制造出结构复杂且科学的蜂巢，酿造出美味
的蜂蜜。

（3）基于大数据获得的深度智能

上述两种品牌获得智慧、增强智能的方式，都要借助与品牌
建立连接关系的设备或用户来实现。还有一种从更大范围内获取
信息以提高品牌智能的方式，那就是借助广域数据获得与品牌发
展相关的信息，为品牌决策提供更为科学的决策依据。

相比于供品牌决策的常规数据，大数据以数据量巨大、数据

格式多样、数据响应及时而日益显示出其独特的价值。它能为品牌提供常规手段无法获取的数据资源，从海量数据提供的信息中获取非常规洞察，挖掘出更多有价值的富矿资源，提高品牌的智能水平。近年来的相关尝试证明，利用大数据进行挖掘，从海量信息中沙里淘金，会为品牌创造更多超出常规的发展机遇。

　　海尔集团是中国商业领域最早明确提出互联网化的企业，创始人张瑞敏更是提出了一个看似极端实则颇具前瞻性的口号——"无互动不产品"，就是强调与市场、与用户需求的紧密对接。以这一需求导向为指针，海尔集团旗下员工积极拓展新的市场空间，不断推出源于用户需求同时又符合市场需要的新品牌。比如，集团一款品牌为"冷宫"的冰箱，就是基于用户在微博上提出的一条建议而启动了打造新品牌的流程。据海尔集团新媒体总监沈方俊在"探索打造疯狂内容的秘密"行业峰会上介绍，微博账号"故宫淘宝"收到粉丝的建议：能否出一款冰箱贴叫"冷宫"，这样吃剩的饭菜就可以说"给朕打入冷宫"，很多网友认为这个创意不错，因为近年来宫斗戏造就了一批有类似说话风格的年轻人。一个网友转发微博后@海尔，引起了海尔官方微博的注意，并围绕转发微博的七万多条私信、回复和点赞等信息进行分析，重点提炼了对冰箱产品改良的有价值意见，同时委托数据机构进行大数据挖掘，将对未来产品感兴趣的用户年龄段、用户层次、大致的购买力以及对产品的预期等做了深度分析。在此基础上，海尔新媒体运营团队与海尔冰箱制造部门负责人进一步沟通，一小时后就得到可以投产的确认，并在 24 小时内把新款冰箱的工业设计图在网上进行公布，7 天内收到一千多个网友的反馈意见，并将3D打印出的冰箱送到对该产品特别感兴趣的用户面前。新品牌推出前后邀请了三十多万粉丝参与到产品的研发、设计、制造、营销过程，在产品刚一上市就获得了巨大的成功。①在整个过程中，基于大数据获得的智慧为产品定位提供有效的预判，成为新品牌成功的关键环节。

学者谷虹认为，品牌智能源于万物联结，未来的联结是由所有人的人类智能以及所有的人工智能联结在一起形成的活跃的杂合体，它是一种泛智能。语义互联网是指人类的联结活动能被机器识别，这样两个网络之间就可以协作。人类的思想、动作、记忆都进行机器解码并重新组织，而机器的连接行为也能被人类所理解。这就是Web3.0或者未来网络应该具备的特性。智能品牌正是语义互联网的产物。②

无论是智能终端、品牌社群还是大数据，它们都是品牌获得更多用于辅助判断用户需求和市场变化的信息来源，都有利于减少品牌发展中的不确定性。对这些信息渠道的有效甄别和利用，一定会让品牌变得越来越智能，越来越能根据需求做出符合实际的有效决策。

二、建设品牌生态 增强用户黏性

品牌建设的目的是为了强化与品牌相关的各个要素以提高品

---

① 一品内容官：《原来海尔冰箱是这么研发的，厉害了我的海尔》，搜狐公众平台－IT，网址：http://mt.sohu.com/20161124/n474044844.shtml（搜索于2017年21：12）

② 谷虹：《智慧的品牌——数字营销传播金奖案例（2015）》，电子工业出版社2016年版，前言第5页

牌的竞争力，尽可能长久地占据用户的心智，从而扩大竞争优势，获得更好的经济效益。按照传统观念，品牌旗下的每一款产品都应该实现利润的最大化，这样才能获得扣除成本之外的更多利润。按照这样的商业逻辑来看小米手机，很多人肯定无法理解小米品牌的做法。在 2011 年智能手机刚刚开始在中国市场普及的时候，小米手机就率先将价格降到 2000 元以下，后来竟降至1000 元以下，这在当时的智能手机市场上绝对算是异类。根据小米打破行规公布的手机生产成本，一款手机去除各项必需的花费，小米公司从每个用户身上获得的利润很低，如果单独考察小米手机给品牌带来的收益，尽管有出货量的优势，但指望靠单品支持品牌的长远发展，几乎是不可能的。小米品牌为什么敢于大胆推行低价策略并甘为市场的"异类"承受其他手机品牌的敌视呢？这一谜底很快解开。随着手机成功撬动市场获得基数庞大的用户，进而推出小米手环、路由器、插线板、耳机、音响等一系列产品后，越来越多的人开始读懂小米品牌的战略意图：单品可以少挣钱甚至不挣钱，但由一个个单品集合而成的多个产品加总后的利润，将为品牌带来更为可观的利润。换句话说，小米品牌不靠单品取胜，而是以围绕用户数字生活需求的一系列智能产品形成更有黏性的品牌生态谋求更为长远的竞争优势。这一战略目标从品牌创建一开始就很明确，现在该品牌旗下的产品开发，就是按照既定战略稳步向前推进。

　　"生态"作为生物学概念运用到商业领域经历了很长的时间。美国学者詹姆士·穆尔在《竞争的衰亡》中，以生物学的生态系统来描述当今市场中的企业活动，认为市场经济中达尔文的优胜劣汰法则过于武断，在经济运行过程中普遍存在强者驱逐弱者、最合适的公司或产品才能生存的现象，这是市场的主流。但整个商业市场是流动且充满机遇的，那些不那么强大的企业在市场环境中依然能找到生存空间，原因在于它们都是商业生态中的有机组成部分，它们与大企业是共生关系，"商业生态系统"概念由此被提出，这一理论打破了传统的以行业划分为前提的竞争战略理论的局限，着眼于不同体量的企业或产品的"共同进化"。保罗·霍肯（1991）认为生命力量之间是动态且相互作用的，这种力量使生态和商业统一为一种模仿并强化自然过程的可持续的生产和分配行为。

如何理解"品牌生态"？Winkler 认为品牌系统本身就是一个由各种要素构成的动态有机组织，具有极其复杂的层次和结构。国外学者对"品牌生态"的理解主要有以下几点：（1）品牌具有生命性；（2）品牌系统不但包括内部要素，还包含其他利益相关者；（3）品牌受到各种环境要素的影响。① 将商业视为生态的理念进入中国后，很快得到各个品牌的追捧，近几年声势最大的就是乐视公司，在各种市场推广和营销文案里都大张旗鼓地打上"生态"的标签，俨然成为"生态"品牌的代言公司，如"无生态 不乐视"、"无生态 不营销"、"无生态 不电商"等，不一而足。从乐视近年来的宣传和业务拓展可以看到，所谓"生态"就是围绕用户需求进行多品种的产品开发，产品之间通过用户的统一账号建立关联，如乐视电视、乐视盒子、乐视手机等各种数

---

① 王启万等：《品牌生态理论研究动态及展望》，《企业经济》2017 年第 3 期

字产品。为了尽可能覆盖用户在数字产品上的需求，乐视公司不惜冒巨额债务的风险高速布局。有着同样野心的小米公司相比之下要低调得多，一直马不停蹄地按照自己的既定战略不断在生态品牌领域布局。公司创始人雷军在 2014 年接受《中国企业家》采访时明确提出"连接一切"的想法："手机是连接一切的中心，是未来大家的计算中心。电视是手机的显示器，路由器是智能家居的数据管理中心。这三件产品基本已经能将人们的工作、生活需求都连接起来。"① 为实现这一目标，公司早在 2013 年就建立了专门的生态链团队，主要负责投资智能硬件公司。按照雷军的设想，未来公司主要以投资的方式将用户需要的智能硬件纳入小米品牌矩阵中，而所有的硬件产品都能通过小米品牌旗下的软件进行控制和管理，共同服务用户日常的工作、学习和生活所需。不管是内部孵化还是外部投资，承担不同功能的产品组成的生态链以用户需求为聚合的核心，当它们之间产生关联，相互呼应，就会形成满足用户不同层次需求的圈层，共同构成品牌生态圈。

　　品牌生态圈的使命是围绕用户的价值需求，由与品牌相关的利益主体进行价值共创，通过要素之间的互补和协同形成生生不息且能循环运作的有机体。因此，这一生态圈既包括能够承担不同功能职责的异质品牌（或子品牌），还包括钟情于品牌并愿意参与品牌建设与发展的用户。那些能够提供相关产品或服务的品牌相互合作，相互支持，随用户需求的逐步提高而共同成长，共同呵护用户的需求。品牌借助各种智能设备的信息反馈以及品牌

---

① 李亚婷：《雷军：连接一切》，《中国企业家》2014 年第 28 期

社群的深入运作，能够逐渐加深对用户的了解。品牌之间也会更好地相互了解，在协同运作上变得更加顺畅，不断为用户提供满足其各种需求的整体解决方案。当用户对品牌有了更多依赖而无法舍弃，品牌自然会获得更大的生存空间。

三、开放品牌 API 建立智能生态

以用户需求为圆心，以用户通过数字媒介能够有效连接的距离为半径，不同的品牌因能为用户提供不同的解决方案、适合用户的脾性而找到自己的生存空间。随着品牌之间竞争的加剧和用户品牌消费习惯和路径的变化，以往凭借强大的市场拓展能力就能成为主导市场的品牌大鳄的现象，在未来将很难再出现。未来与其说由"大而全"的品牌独霸天下，毋宁说由众多"小而美"的品牌共赢天下。品牌盈利的方式也将由以往占有用户规模转向围绕忠诚用户深度挖掘其需求，进而获得更多"单位价值"，其实质就是从商品主导逻辑向服务主导逻辑转换，从规模经济向范围经济转换。

如前所述，英文中的"智能"与"连接"是同源词汇，广泛的连接能够获得更多用以做出理性判断的信息，因而会产生更多智慧，培育更多智能，日常用语中的"见多识广"、"广见博识"蕴含着同样的道理。从神经网络运行方式来看，遍布人体各部分的神经末梢负责收集、传输各种信息，汇集到神经中枢后进行综合处理，生成对外界事物的理性判断。当作为刺激源的信息越来越丰富后，神经中枢就会形成针对某项活动的最优方案，这样的信息日益丰富后，方案也就会变得越来越科学、合理，这就是品

牌智慧。因此，品牌要想在瞬息万变的市场环境中应付自如，形成稳固且适应力强的品牌生态圈，就必须与其他品牌和用户建立有效的连接渠道，确保信息交换渠道的畅通，这样才能构建起信息充分交换的品牌生态。而要做到这一点，品牌必须有足够开放的心态，将品牌视为具有灵活操作系统的有机体，通过开放 API 来建立智能生态。

　　API 是英文 Application Programming Interface 的缩写，意思是应用程序编程接口，由操作系统提供一组函数，开发人员就可以据此访问一组例程，同时又无需访问源代码，也不必理解内部工作机制细节，便于更多的开发者以较低的成本参与软硬件的开发。由于基于互联网的应用变得越来越普及，对外允许 API 调用使得站点之间的内容关联性更强，这些开放的平台为用户、开发者和中小网站带来了更大的价值。开放 API 开始时主要集中在桌面应用上，现在扩展到越来越多的 Web 应用上。那些开放 API 的 Web 2.0 站点以互惠互利原则进行运作，以更为丰富的内容吸引更大的用户群和更多的访问量。苹果公司是较早开放 API 的公司，开发者将自己开发的程序接入苹果商店后，根据用户的下载数量决定分成收入。苹果应用商店到目前"已经发布了 650000 个应用并向成千上万的开发者支付了 50 亿美元"[①]。而更为公众熟知的开放 API 的品牌是 Twitter，这一做法成为该品牌在短期内高速成长的撒手锏。在 Twitter 问世三年后的 2009 年，接入平台的软件已超过 50 万个，绝大多数都是由各领域的开发者通过编程接

---

① ［美］詹姆斯·麦奎维：《颠覆：数字经济的创新思维与商业模式》，电子工业出版社 2016 年版，第 23 页

口接入后，由用户自由选择来决定每款软件的命运，这其中不乏广受用户欢迎的热门软件。由于用户有广泛的选择空间和用户之间的互相推荐，大量用户因为喜欢这些软件而成为 Twitter 的忠诚用户，很快便将 Twitter 推向人气最高的 Web2.0 应用平台，并引领了后续网络产品纷纷开放 API 的热潮，如 Facebook、新浪微博等。之所以众多 Web2.0 产品对这一趋势趋之若鹜，是因为这些品牌看到了开放为它们带来更多智能。

相比于大量第三方开发者自愿开发软件节省的大量成本而言，开发者根据个人兴趣广泛尝试后沉淀下来的成果，对提高品牌判断市场走势提供了极有价值的参考依据。这些开发者根据自己对市场前景的判断和个人的喜好，在每一个用户可能感兴趣的方向上不断尝试推出新软件程序，受欢迎的程序留下了，无人问津的程序自然淘汰。由于 Apple Store、Twitter 等作为开放平台能够吸引大量开发者和使用者，即使是那些不太受欢迎的小众应用程序依然能够找到生存空间。而用户基于自由连接的自由选择，能够实时呈现不同应用程序和程序中不同功能受欢迎的程度。无论是开发者还是用户，他们仿佛是源源不断提供可供品牌做出理性判断信息的神经末梢，无时无刻地为品牌优化提供必需的参考数据。有了庞大的数据后，品牌就可以更为科学地决定哪些程序或功能应该优先推荐或重点开发、扶持，并预测未来可能有市场空间的应用程序，以便在竞争中占据先机。

开放 API 提高品牌智能不仅仅体现在随时感应用户需求的纯数字品牌上，更多基于数字设备提供服务的品牌同样有应用空间。按照小米公司总裁雷军的构想，以智能手机作为用户数字生

155

活的"总开关"，控制各种数字设备，由路由器负责连接各个设备，智能电视机则作为数字生活调控的"显示界面"，其他各种智能设备服务于用户数字生活的各个方面。无论是小米公司自己开发还是投资其他公司生产，抑或是其他品牌名下能被整合到"小米"品牌体系下的产品，共同为小米品牌的用户提供整体解决方案，小米品牌要做的就是开放进入"小米"体系的"接口"，共同打造小米品牌智能生态。这是一个极具诱惑力的商业图景，小米公司多年来一直致力于将这一图景尽快变成被更多用户接受的现实，尽管这一进程中有很多挑战，结果如何尚不得而知，但这一努力方向确实值得肯定。

四、智能生态的平台化进阶

为了能让更多认可生态核心价值观的品牌进入该体系，需为进入生态的利益相关方设置统一的价值生态共建接口，为深层次满足用户需要提供源源不断的能量，实现生态系统的可持续发展和智能化升级。当品牌能够建立起除了供自身所用外还能吸纳更多利益相关方的生态系统，那些进入其中并按统一规则运行的品牌、用户及其他相关主体都能从中获益，这个生态系统就会进化到高级阶段——品牌生态平台，从而获得更为强大的能量，提高品牌的竞争力。

"平台"这个源于计算机领域的词汇，在被借用到其他领域后，其内涵大大扩展。国际知名的咨询大师大前研一对"平台"做了如下的解释：

"平台"一词最初是一个计算机术语。它指的是一种硬件或软件产品，由于其非常基础非常普及，以至于其他产品都被设计与它一起工作。微软的视窗可能是最知名和用户最多的个人计算机平台。虽然其开发由某一个公司控制，但成千上万的二级公司依靠、扩展和操作视窗系统，它们提供与视窗系统相关的软件、芯片、服务器、打印机、终端和有关服务。视窗系统的生存能力对人们持续支持的依赖与对任何微软公司政策的依赖一样，或者更甚。①

平台最重要的特点是可以兼容其他设备和产品，但所有其他被兼容的设备或产品都需遵循平台原有的标准。以微软视窗而论，不管视窗系统相关的软件、芯片、服务器等出自哪个厂商，都必须与微软视窗相匹配，都要以微软的标准为标准。所以，一个在市场上处于优势地位的平台很大程度上就是相关领域的标准制定者，而这种标准的存在为运行于其上的软硬件提供基本的运行规则，并通过规则的力量实现有效管理。平台不但有统一的标准，而且有聚合利益相关方的能力。随着平台的发展和壮大以及吸引到平台上的相关利益群体的增多，逐渐形成利益互补、相互依存的"生态圈"，构成以某一强势品牌为核心的生态平台。

品牌生态平台根据品牌管理理念的差异而有不同的类型，大致可以分为两类：一类是内生型平台，另一类是外延型平台。

1. 内生型平台

这类平台会根据品牌明确的价值诉求，根据生态建设的需要自己培育或孵化相关品牌或产品，以较为严格的标准把控进入生

---

① ［日］大前研一：《无形的大陆——新经济的四种战略法则》，新华出版社2003年版，第46页

态圈的品牌类型，以确保用户体验的完整性和统一性。这方面较为前卫的是小米品牌，这是典型的内生型生态平台，它为用户提供高性价比、全面满足用户需求的产品，以自己开发或投资开发的形式，不断推出各类携带小米基因的品牌产品，为用户不断升级数字生活提供解决方案。

在小米品牌"连接一切"的生态版图中，智能手机作为枢纽环节全面控制接入生态的各类产品，小米路由器为接入产品分配路线、提供动力，智能电视为生态产品提供显示界面，这构成小米品牌生态平台的核心环节。而作为最底层的软件支撑，就是小米基于 Android 系统开发的软件 MIUI。相比于其他智能品牌，小米的不同之处就在于"软件先行"，在小米智能手机正式推出一年前就已经开发出 MIUI 且能根据用户的反馈持续更新、迭代，通过强大的技术优势俘获初始用户，逐渐实现生态圈的大规模拓展。在软件领域的积累让小米得心应手地开发出不同类型的操作系统，且都能与作为生态系统操作核心的手机软件系统顺畅对接，确保各种硬件无障碍地运行，服务于用户的数字生活。从目前小米品牌的拓展方向看，生态系统的整体框架初见规模："小米最主要的五款自己制造的产品，是硬件圈的核心；第二圈则是包括华米手环、紫米移动电源、智米空气净化器等在内的小米智能硬件产业链；第三圈则是小米的电商；最后一圈是 MIUI 操作系统。"[①] 在这些硬件设备中，小米手机仿佛就是智能生物的"大脑"和中枢神经，路由器就是运动神经系统，智能电视是生物体

---

① 韩博、王如意：《雷军的创业团》，北京理工大学出版社 2016 年版，第 299 页

与外界互动的显示界面，其他各种硬件构成生物体的末梢神经和
感知器官，它们共同维持一个生物机体的正常运作。为让自己的
生存能力更加强大，小米品牌会不断根据需要增加新"模块"，
凭借自身强大的掌控力不断生产出新的产品，形成竞争力不断提
升的内生型平台。

要想建立有影响力的智能生态平台，除了要有基于智能科技
且着眼于长远发展的战略规划外，更需要足够的资本作为拓展平
台的支撑。资本既包括支持各种智能产品开发和运营所需的资
金，又包括能够满足生态布局所需的各种资源，尤其是能够确保
有效布局的高端人力资源。以小米品牌为例，它作为生态平台的
高速扩张，很大程度上得益于创始人雷军在创建小米品牌之前长
期从事商业投资积累的资金和人脉，这让小米品牌在看到智能手
机的风口到来之前以强大的资金实力迅速投入这一市场空间，并
能以微利甚至不盈利的非常规策略站稳市场。而后又能根据智能
生态建设的需要，在多个智能硬件领域布局，以自己开发或战略
投资的方式孵化新品牌。这些主要以"X米"来命名的新品牌，
程度不同地打上了小米科技的基因，不断夯实服务于用户数字生
活的新型平台，如紫米、智米等。雷军曾表示，要在5年时间里
投资100家智能硬件公司，用小米的模式来创建新品牌并融入小
米品牌的生态平台之中。小米联合创始人刘德明确提出过小米选
择生态链合作伙伴主要遵循的几个原则：产品是否有巨大市场，
领域产品是否有痛点和不足，产品是否可以迭代，产品是否符合
小米的用户群，团队本身状态以及是否符合小米的精品、单品、

海量销售的价值观。① 符合这些条件的产品就有可能纳入小米品牌的生态系统之中，看起来并没有为进入这一平台的品牌数量设置上限。如此庞大的平台拓展规划，没有足够的资金支持是不可想象的。而平台规模的扩大，又会不断提高平台的价值，提升平台的竞争力。在 2015 年 7 月小米进行市场融资时，国际知名风险投资公司为小米做的估值为 450 亿美元，相比于经营几十年且常年盈利的国际著名品牌联想的 100 亿美元，可以看得出小米品牌在商业投资上的不菲价值。

在人力资源拓展方面，小米公司的多个联合创始人以及在重要产品开发上起到关键作用的负责人，很多都是雷军在长期投资和商业经营过程中有过交往甚至原来就是合作伙伴，当小米平台需要拓展时，能够及时找到合适的人进行产品开发，这对于平台搭建时机的把握和平台的稳定性都起到了重要作用。

内生型生态平台对品牌的战略布局和市场运作能力提出了很高的要求，尽管困难较大，但这一完全由某一品牌主导的具有高成长性的平台建立起来后，就能为用户提供数字生活所需的各种产品，与用户共同生长，并能全面获得用户的各方面数据，品牌能够实时获得并分析这些数据，进而提供更多符合用户需求的产品，为整个生态平台持续创造更大价值。这是充满挑战却又蕴含巨大回报机遇的品牌运作模式，目前只有为数不多的品牌敢于做这方面的尝试，于是便有另外一种生态平台形态——外延型平台。

---

① 韩博、王如意:《雷军的创业团》，北京理工大学出版社 2016 年版，第 290 页

2. 外延型平台

与内生型平台由某一品牌按严整计划控制进入生态平台的产品和品牌的种类不同，外延性平台更多是通过相关标准来审核进入其中的品牌，依靠准入机制扩大平台规模，最为典型的是微软公司和苹果公司。它们以进入微软视窗或苹果商店的软件是否符合该平台所要求达到的质量标准，作为对加入平台的产品和品牌的限制条件。只要符合标准并在一定时间内达到用户购买或下载的数量，就允许在该平台驻留，一起接受用户的检验。正因为如此，进入该平台的产品或品牌数量庞大，每时每刻数字都在更新。以苹果商店为例，进入该平台的应用不下 65 万个，同样以这种广泛接受外部产品或品牌进入其中的社交媒体 Facebook，其应用超过了 900 万个。根据大受欢迎而下载量靠前或少人问津而被迫下架的应用软件，平台能够清楚地看到用户的需求变化，据此调整平台准入标准以确保该生态稳定健康地发展。进入其中的其他品牌以嵌入式生存的方式与平台共存共荣，一切以用户的需求为核心，为用户提供多样化的选择。

当一个品牌在行业内已占据优势，并在为用户提供智能产品方面有很强的竞争力时，就可能以品牌联盟发起者的身份，召集更多品牌搭建品牌生态平台，让更多智能品牌按照普遍认可的规则协同运作，共同受益。这方面表现较为出色的是国际知名的白色家电品牌——海尔。近年来，海尔不但自己在智能家电产品开发上持续创新，而且凭借在家电领域的领导地位，通过互惠规则让更多品牌融入智能家居生态圈，通过为用户提供智能家居解决方案的方式构筑竞争壁垒，这就是海尔 U + 智慧生活平台。

海尔 U + 智慧生活平台是目前行业平台最开放、生态最全面、落地最领先的智能家居平台，通过手机、iPad、电视等智能终端，借助 APP 一站式管理接入生态平台的所有智能设备。该平台目前已经搭建了涵盖空气、美食、洗护、用水、娱乐、安全、健康七大智慧生态圈，全面整合生态圈上下游产业链的软硬件产品和应用，为用户提供全方位的智能家居服务。平台不但为用户的智慧生活提供整体解决方案，描绘出全新的智慧生活场景，而且全生态圈开放，向各大合作厂商敞开大门，共同实现智慧生活时代的共生共赢。①

海尔智慧家庭解决方案对"海尔智能家居"是这样描述的：在物联网上，每个人都可以应用电子标签将真实的物体联上网，在物联网查找出它们的具体位置。通过物联网可以用中心计算机对机器、设备、人员进行集中管理、控制，也可以对家庭设备、汽车进行遥控，以及实现搜寻位置、防止物品被盗等各种应用。②从目前 U + 智慧生活平台运作情况和海尔集团整体改革方向可以看出，这一平台不但对海尔集团和海尔创新平台上的创客和小微主开放，以高质量的产品和品牌确保生态平台的质量和方向；同时面向体系外的产品和品牌敞开大门，让更多认可生态圈价值观的品牌巩固并扩大平台的规模和影响。所有进入平台的智能产品，都能通过统一的基于智能终端的 APP 进行控制，为用户提供日益完善的智能生活解决方案。

---

① 《海尔 U + 智慧生态圈闪耀京东智能体验馆》，海尔智能家居微信公众号 2015 年 4 月 28 日发布
② 胡泳、郝亚洲：《海尔创新史话》，机械工业出版社 2015 年版，第 189 页

　　基于智能终端为用户提供符合其价值需求的品牌，只是帮助品牌建立价值共同体的多种思路之一。围绕用户的价值需求，很有可能形成以用户为核心的品牌聚合现象，而聚合的前提是有共同价值观，以此来有效管理品牌关系，促进品牌建设。"未来可能会产生所谓'整合 CRM 系统'。这个系统不属于某个品牌，而是基于单个消费者的品牌群的组合。简单说，在这个系统中，消费者常用的数个品牌（分散在生活的各个领域）都通过同一个平台维系与消费者的关系，发布信息、积分通兑等。这样，消费者对于这个系统的依赖性也会大大增强。"① 一旦这样的系统建立起来，用户对品牌的需求将会更清晰地呈现出来，品牌方就会为用户提供更加匹配其需求的信息和服务，在众多的竞争品牌中，用户无疑会选择那些更了解自己、更愿意接纳用户意见甚至是按需定制产品的品牌。

　　无论是内生型平台还是外延型平台，其目标都是以用户需求为核心构建品牌联盟的方式，为用户提供更为全面、深入、持久的解决方案，以此提高纳入平台的各个产品和品牌的竞争力，并通过智能设备对用户数据的持续收集和分析，不断提高为用户画像的能力，凭借生态平台的整体能力提高服务用户的水平，增加用户的满意度，让每一个用户成为生态平台的终身用户。以品牌平台而不是某个品牌来服务用户，将品牌变成生态平台的有机组成部分，这是更高层次的竞争，智能化、生态化、平台化生存无疑将成为品牌更符合时代需求的生存方式。

---

　　① 王川:《未来快费品整合营销模型》,《现代广告》2013 年第 18 期

参考文献

谷虹：《智慧的品牌——数字营销传播金奖案例（2015）》，电子工业出版社，2016 年版

韩博、王如意：《雷军的创业团》，北京理工大学出版社，2016 年版

胡皓：《互联网＋创业相对论》，电子工业出版社，2015 年版

胡泳、郝亚洲：《海尔创新史话》，机械工业出版社，2015 年版

胡泳、郝亚洲：《张瑞敏思考实录》，机械工业出版社，2014 年版

集智俱乐部：《走近 2050》，邮电出版社，2016 年版

黎万强：《小米口碑营销内部手册：参与感》，中信出版社，2014 年版

李倩玲：《转向：无界限传播你做主——群邑论后大众传播时代制胜的营销策略》，中信出版社，2011 年版

李善友：《互联网世界观》，机械工业出版社，2015 年版

梁海宏：《连接时代：未来网络化商业模式解密》，清华大学出版社，2014 年版

林竞君：《网络、嵌入性与集群生命周期研究——一个新经济社会学的视角》复旦大学经济学院 2005 年博士论文

王成荣：《品牌价值论》，中国人民大学出版社，2008 年版

王玉华：《颠覆与重构：移动互联网时代成功的七种商业模式》，人民邮电出版社，2015 年版

吴声：《超级 IP：互联网新物种方法论》，中信出版社，2016 年版

许维：《转折点：移动互联网时代的商业法则》，电子工业出版社，2014 年版

喻国明：《移动互联时代：城市用户媒介使用和信息消费的"新常态"》，《传媒蓝皮书：中国传媒产业发展报告（2015）》，社会科学文献出版社，2015 年版

张佰明：《数字品牌营销传播》，经济日报出版社，2010 年版

钟虎妹：《我国报业组织核心竞争力研究：基于"格式塔"竞争的视角》，人民出版社，2008 年版

［美］贝恩特·施密特：《顾客体验管理——实施体验经济的工具》，机械工业出版社，2004 年版

［美］查克·布莱默：《点亮社群：互联网营销的本质》，东方出版社，2010 年版

［日］大前研一：《无形的大陆——新经济的四种战略法则》，新华出版社，2003 年版

［美］菲利普·科特勒：《营销革命3.0》，机械工业出版社，

2011 年版

　　［美］杰克·特劳特、史蒂夫·里夫金：《新定位：定位战略的新进展》，中国人民大学出版社，2014 年版

　　［美］凯文·凯利：《必然》，电子工业出版社，2016 年版

　　［美］肯特·沃泰姆、伊恩·芬威克：《奥美的数字营销观点——新媒体与数字营销指南》，中信出版社，2008 年版

　　［美］唐·舒尔茨：《SIVA 范式：搜索引擎触发的营销革命》，中信出版社，2014 年版

　　［美］肖恩·史密斯、乔·惠勒：《顾客体验品牌化》，机械工业出版社，2004 年版

　　［美］约瑟夫·派恩、詹姆斯·吉摩尔：《体验经济时代》，台湾经济新潮社，2003 年版

　　［美］詹姆斯·麦奎维：《颠覆：数字经济的创新思维与商业模式》，电子工业出版社，2016 年版

后　记

十年的时光里有太多值得纪念的事件发生，留在每个人记忆里的事件因人而异。对于我而言，十年前的 2007 年有三件大事值得铭记。

这一年，女儿呱呱坠地来到这个世界；这一年，苹果手机 iPhone 正式面世；这一年，我以"数字品牌"为核心议题撰写博士论文。

女儿这一代已不仅仅是"数字土著"，在这个新兴词汇前面加上"移动""智能"两个定语似乎更为贴切。这十年间一个个数字终端如雨后春笋般蜂拥而至，让人目不暇接。当我们成年人对这些新鲜设备或多或少尚有惶惑时，他们却能毫无障碍地用稚嫩的小手自由操控各种按键，仿佛这个用数字技术构造的新世界就是为他们准备的一样。同时，一个个服务于新世界的新型品牌，出人意料却又那样合情合理地来到我们身边，改变着我们与外部世界和他人之间的交互关系，每一天都会有新发现的新鲜感，这促使我不断思考这些迥异于以往的品牌到底意味着什么？我们这一代学人又该如何解读这一现象并把其中蕴含的价值呈现给身处其中却不明就里的普通人？正是带着这样的疑问，在博士论文完成后，我依然能怀着极大的热情探索数字品牌的当下价值和未来空间。十年前的博士论文集中探讨的是品牌如何通过数字媒介进行营销传播，侧重于传播层面的研究，十年后的这本专著则是在全面考察商业环境和数字媒介发展趋势的基础上，对数字品牌运作与经营做了全面的论述，以期为企业面向未来的商业规划提供判断的依据，为企业制订长远的品牌战略规划提供有价值的参考。

与其说布局数字品牌需要高超的智慧，毋宁说首先需要建立一种全新的思维方式，那就是在互联网已经成为社会运行操作系统的当下，将商业运作建立在以用户的需求为核心的基础上，借助数字技术提供的便利性与用户共同经营。无论是在产品还是品牌层面，具备了这样的认知基础，才可能更好地实现企业的经营目标。事实上，打造数字品牌的主体绝不仅限于企业，还包括各类机构和个人。这是建立在下面的认知基础之上的：数字媒介和各种软件程序越发达，用户的注意力越分散，任何主体如果想被用户持续消费或接触，都需要在数字空间里利用全新规则用心经营与用户之间的关系，让品牌真正成为用户的品牌。

作为我的博士生导师，喻国明教授从十年前指导我的毕业论文写作就给予了无私的帮助，正是有了他的肯定和支持，我才会义无反顾地在这一领域持续耕耘，并能时时感受到他的精神感召和鼓舞。每每看到他不断发表在各种期刊上的专业文章，听到他在各种论坛上针对传媒发展掷地有声、言之有据的观点，总会有醍醐灌顶的感悟。本书不但多处直接引用了他的观点，而且在多处行文中渗透着他的思想观念。每次向喻老师请教，都能得到意外的收获，那种穿透迷雾廓清前路的眼界和智慧，像暗夜中的灯塔一样为迷途者指明航向。而他的悲悯情怀和高远境界，更是时时提醒我不能只做苟且的学问，要有作为一个知识分子应该有的责任和担当。如果说这本书还有点价值的话，我希望它能成为喻老师有关媒介发展的深邃思想观念的一个注脚，在某一个方向上做一点有益的延伸。感谢他引领我进入一个值得开拓的新领域，更要感谢他对后学的倾力扶持和勉力提携！

感谢原单位中国劳动关系学院文化传播学院院长李双教授，专著的写作有赖于他为年轻学人提供的空前自由的发展空间。他为员工肩住因袭的闸门而创造自由王国的责任担当，让人看到了一个真正的知识分子应该有的样子。

感谢曾经在我攻读博士时为我写推荐信将我送到喻国明老师门下的于丹教授，从二十年前第一次听她的专业课，到今天成为她所领导的研究院的员工，每周从她那里接受的各种新鲜信息和专业观点令我颇受启发，她精心营造的宽松科研环境让我有时间继续在自己的兴趣领域自由驰骋。

这十年是我从青年走向中年的人生关键阶段，感谢一直陪伴我并悉心照顾女儿茁壮成长的爱人。每个寒暑假都无法做到全程陪伴，还要把照顾家庭、操持家务的重任转嫁到她的身上。正是她的无私奉献和无怨付出，成为我在繁重工作之余依然能在科研路上奋进的无穷动力。

每个学者都希望自己的研究成果能够发挥社会价值，对于我来说，这本探讨品牌如何在全新的数字时代更好地运营的专著，哪怕有一点让从业者心有所动的启发，都会让我感到欣慰。尽管书中举了很多例子，但按严格标准来说，真正能称得上是数字品牌的少之又少，而绝大多数品牌还在走向数字品牌的路上，当然还有尚未找到方向的迷茫品牌。作为一个观察者，我愿和诸多有志于在新时代脱颖而出的品牌一道，共同见证一个让每个用户都能获得满意解决方案的智能品牌时代的到来。而有机会生活在这个时代并以自己的独立观察用心描述这个时代的发展进程，又何尝不是一种幸运呢？

期待更多品牌的成功逆袭！期待为这个大时代书写的注脚能真正帮助更多人读懂这个时代！